2024 年度常熟理工学院党建与思政理论研究课题重点课题 “基于三全育人理念下实习学生思想政治教育研究” 项目成果
2023 年度常熟理工学院高等教育教改研究课题 “应用型高校大型仪器共享平台建设思考与实践” (项目编号: CSLGJG2023014) 项目成果

大学生实习实践指导教程

主　编　胡朝斌　顾　涵
副主编　刘　睿　薛　晨
　　　　夏金威　李　亮

苏州大学出版社
Soochow University Press

图书在版编目(CIP)数据

大学生实习实践指导教程 / 胡朝斌, 顾涵主编. 苏州 : 苏州大学出版社, 2024. 10. -- (高等教育实习实践类精品教材). -- ISBN 978-7-5672-4054-4

Ⅰ. G642.44

中国国家版本馆 CIP 数据核字第 2024K4K655 号

书　　名: 大学生实习实践指导教程

主　　编: 胡朝斌　顾　涵

责任编辑: 杨　柳

装帧设计: 吴　钰

出版发行: 苏州大学出版社(Soochow University Press)

社　　址: 苏州市十梓街 1 号　**邮编:** 215006

印　　刷: 镇江文苑制版印刷有限责任公司

邮购热线: 0512-67480030

销售热线: 0512-67481020

开　　本: 718 mm×1 000mm　1/16　**印张:** 13.5　**字数:** 236 千

版　　次: 2024 年 10 月第 1 版

印　　次: 2024 年 10 月第 1 次印刷

书　　号: ISBN 978-7-5672-4054-4

定　　价: 46.00 元

图书若有印装错误,本社负责调换

苏州大学出版社营销部　电话: 0512-67481020

苏州大学出版社网址　http://www.sudapress.com

苏州大学出版社邮箱　sdcbs@suda.edu.cn

PREFACE 前言

大学生实习实践是大学教育的重要组成部分，对学生的成长和未来职业发展有着深远的意义。大学教育以教授理论知识为主，实习实践则提供了将理论应用于实际工作的机会。通过实习，学生可以更好地理解和掌握所学知识，增强解决实际问题的能力。实习实践是提升职业技能的有效途径。学生在实习期间可以学习到有关专业技能、工作流程、团队合作等方面的知识，这些是未来职业生涯中必不可少的。

通过实习实践，学生可以更清晰地了解自己所学专业的实际工作内容和发展前景，从而更好地规划自己的职业方向。学生如果发现某个领域并不适合自己，还可以及时调整。实习不仅能锻炼专业技能，还能提升综合素质。学生在实习过程中会遇到各种挑战和难题，这有助于培养他们独立思考的能力、解决问题的能力及抗压能力。总之，大学生实习实践不仅是学业的一部分，更是职业生涯的重要起点。通过实习实践，学生可以更好地为未来的职业发展做准备。

课程和教材是教育的基础要素，学生参与实习实践离不开一本优质教材的指引。为此，我们试图构建一门新的融知识性、理论性和实践性于一体的课程，开发基于科学认知学习理论的并能够把实习实践及就业创业融于一体的教材。本教材既可作为各高校相关专业学生实习实践及就业创业课程的教材，也可作为创业者的参考资料，同时还可供对实习实践及就业创业有兴趣的读者自学参考。

本教材由常熟理工学院胡朝斌、顾涵担任主编，刘睿、薛晨、夏金威、李亮担任副主编，由顾涵负责组织、统稿工作。

本教材参考了国内外专家、学者的一些著作和文献，在正文中未能一一列举，在此，我们对教材中所引用参考资料的作者表示衷心感谢。

由于编者的水平和经验有限，书中难免有不妥之处，敬请广大读者和专家批评指正。

编　者

2024 年 7 月

目录 CONTENTS

第1章

毕业实习的重要性

毕业实习是高校教学计划中非常重要的一个教学环节，是学生在教师的指导下，独立从事社会实践工作的初步尝试，其基本目的是让学生综合运用所学的基础理论、专业知识、基本技能，培养其应对和处理问题的能力。毕业实习是学生对所学知识和技能进行系统化、综合化运用并总结和深化的过程。通过毕业实习，教师可以考查学生的思维能力、创造能力、实践能力等各方面的综合能力。实习是学校和社会为毕业生提供的一个很好的机会，是从理论学习到实际应用的一条纽带，是促使学生顺利走上工作岗位的阶梯。

1.1　毕业实习的目的和任务

＊ ＊ ＊ ＊ ＊ ＊ ＊ ＊ ＊ ＊ ＊ ＊ ＊ ＊ ＊ ＊ ＊ ＊ ＊ ＊

学生通过参观企事业单位，或以座谈、劳动体验的形式，与工人、技术人员、管理人员接触，将感受一次生动、深刻的专业思想教育，加深对本专业相关岗位工作的了解，增强对本专业相关岗位工作的光荣感、责任感。通过实践活动，学生可以培养从事相关行业的独立工作能力，为毕业论文（设计）积累相关资料，为走向社会积累经验。通过实际接触，学生能够拓宽眼界，弥补课堂教学的不足，并深刻体会理论基础必须与实践相结合的道理。通过实习，高校及时获取反馈信息，不断改进和调整学科建设规划及人才培养方案，提高教学质量，以培养出更加适合社会需要的高质量应用型本科人才。总之，参加毕业实习，有助于在校大学生增加实践经验，更好地将理论联系实际，从而促进自身学有所成和学以致用；有助于大学生建立职业联系，增加就业竞争力，为长期的职业发展打下坚实基础。

1.2　毕业实习的内容和要求

＊ ＊ ＊ ＊ ＊ ＊ ＊ ＊ ＊ ＊ ＊ ＊ ＊ ＊ ＊ ＊ ＊ ＊ ＊ ＊

1.2.1　毕业实习的内容

1. 参观与见习

通过参观与见习，学生对实习单位建立总体认识，了解实习单位的运营模式，了解先进的生产过程和生产工艺，学习产品开发设计知识、生产工艺知识、运营管理知识及安全生产知识等。

2. 劳动与实习

学生下到基层第一线，参加与本专业有关的设备或产品的设计、装配、调试、维修工作，参加相关工程的规划、施工和联调，参加岗前培训，等等。

学生阅读实习产品的有关技术资料和工艺文件，如产品说明书、调试工艺流程手册等；学习产品的开发手段、调试方法、调试仪器原理及操作规程；阅读管理、教育、技术及工程等方面的资料，了解相关工程的设计、施工、维护及管理内容。

3. 调查

学生围绕毕业论文题目进行调查，收集、获取相关数据及资料；在实习单位条件允许的情况下，进行社会调查活动。

4. 完成实习日记

在实习中，学生应将每天的工作、观察分析的结果、所听报告内容等记入实习日记中。实习日记既是学生编写实习报告的主要资料依据，也是反映学生实习情况的一个主要标志。

5. 完成实习报告

在实习结束时，学生应提交书面实习报告，内容包括回答实习任务中的问题、实习收获与体会、对实习工作的改进意见等。

1.2.2 毕业实习的要求

实习是高校在本科生教学中开展的重要的实践性教学环节，要求学生思想上必须充分重视，学生不能以任何理由申请免修。

学生在整个实习期间都要刻苦学习、认真钻研，注意理论联系实际，培养分析问题的能力，广泛接触一线工人、技术人员、管理人员、教师，学习他们的技术知识和丰富的实践经验，学习他们热爱劳动、认真负责、一丝不苟、实事求是、大公无私、团结互助、集体配合、遵守纪律的优良品质和作风。

学生必须严格遵守实习单位的各项规章制度、尊重实习单位的领导及工作人员，接受校外指导教师的指导。学生除了做到上述几点之外，还应做到以下几点。

① 服从分配，不挑剔工作，能从小事做起。

② 对待工作踏实、认真，有责任心，工作主动性高。

③ 善于发现工作中的问题，有很好的沟通意识和沟通能力。

④ 虚心学习，会学习、肯学习，不断补充自己欠缺的知识，提高接受能力。

⑤ 做事情有效率，不但能顺利完成任务，而且能高质量完成，也就是说能把自己的工作做得很好、很完美。

⑥ 有团队意识，和部门其他同事能很好配合。

实习期间因病、因事或基于其他原因必须离队者，须向带队教师请假；若在无带队教师的分散实习点，则必须向实习单位的有关领导请假，批准后方可离队。请假超过一周以上者，须按有关学籍管理规定报有关部门批准。无故（含考研备考期间）不参加实习者按旷课处理（每天按 6 学时计）。

1.3　毕业实习的方式

实习有分散实习和集中实习两种形式。

1. 分散实习（也称“自主实习”）

由学生本人自行联系接收单位进行实习的形式为分散实习。按学校实习要求，分散实习必须填写分散实习申请表，其申请程序如下。

（1）到实习单位联系实习。

（2）将分散实习申请表（表上须填有家长意见、实习单位意见，盖有印章）、实习单位实习任务交学院办公室审批。

分散实习申请表必须在实习前两周上交学院办公室。

2. 集中实习

由学校和学院统一安排实习单位实习。

1.4 毕业实习的注意事项

1.4.1 实习工作中领队教师的职责

为确保实习工作的顺利进行，专业实习组队是一项必不可少的重要工作。通常由领队教师牵头组成实习队，以实习单位可容纳的实习生人数多少和实习生能力均衡为原则，每个实习队规模大小不一，大的实习队可以有四十多人，小的实习队可以有十几人。

每个实习队通常由一至两位工作经验丰富、责任心强、能吃苦、能与学生融洽相处的教师担任领队教师（最好是本专业的任课教师）。在专业实习期间，他们既是学生的良师，也是学生的益友，能给学生思想上的关心、专业上的指导、生活上的关怀和工作中的帮助。领队教师间要经常交换指导意见并形成统一认识，对本队的实习工作实施全面管理，从严要求，一丝不苟，紧抓不放。

领队教师的工作职责如下。

1. 常规管理

领队教师代表学院、系管理学生，并与实习单位协调安排生产实习过程中的各项工作，制订出具体的实习计划。

实习中，领队教师要特别注意执行本院校和实习单位的两套规章制度，并能视实习单位和实习队的实际情况，制定实习队纪律细则，如实习队请假制度、每周工作情况汇报制度、交流例会制度等。

对实习队的工作按专业实习的要求，既要有计划并及时布置，又要督促和检查，最后还要进行总结。

2. 联系与协调

领队教师应主动与实习单位领导联系，争取实习单位对实习工作的积极支持，及时掌握实习工作的动态和进展，适当调整实习工作计划和安排，恰当解决实习期间的突发事件；主动征询实习单位对实习工作的意见和建议，不断改进，提高实习的指导水平。

3. 指导与成绩评定

实习前期，领队教师要让学生明确实习的目的、意义、任务、要求，做好吃苦耐劳的思想准备、适应工作环境的心理准备及做好工作的物资准备。做好安全生产教育和爱护实习单位仪器、设备的教育。

实习期间，领队教师应采用互联网通信、实地考察等多种形式，及时了解学生的实习进展，加强实习过程指导。解决学生的思想问题和工作中的困难，指导学生结合专业毕业论文（设计）做好实习工作，若有特殊情况必须向系实习领导组汇报。

实习后期，领队教师要指导学生填写相关实习表格，经实习单位填写实习评语后带回学校；指导学生整理实习有关的材料；为本队的学生填写指导教师意见；参加学生实习成绩评定工作。

4. 总结与汇报

学生实习结束返校 1 周内，领队教师要整理、记录专业实习工作中学生的工作能力与实习单位要求之间的差距及问题，做好实习队正、反两方面的工作总结，提出实习建议和进行实习汇报等；为向院系推荐本实习队中的优秀实习生名单、优秀社会调查文章等做好准备。

上交的实习材料包括实习单位对学生的工作安排表、实习工作指导记录、实习总结及电子稿、有关实习记录图片等。

1.4.2　实习工作中实习生干部的职责

实习生干部主要指实习期间的实习队队长、副队长等。实习生干部应当由工作责任心强、愿意并能热情为同学服务、具有一定组织协调能力的学生担任。干部人选在征求班主任和辅导员意见后确定，其各自的岗位职责如下。

1. 实习队队长的职责

实习队队长是实习队的主要责任人，其工作职责如下。

（1）列出实习生名单表（表 1.4.1）。协助领队教师与实习单位联系，了解实习单位的基本情况，并按实习单位要求列出实习生名单表，交给实习单位。

表 1.4.1　实习生名单表

领队教师的 姓名、联系方式	实习队队长的 姓名、联系方式	实习队成员

（2）了解并掌握实习单位的规章制度和要求，将其内容通知给本实习队的领队教师及实习队成员。

（3）实习期间，配合专业领队教师安排、协调实习工作，及时汇报实习队的实习情况，反映实习工作中的困难和问题，做好实习期间本实习队的自我管理、自我服务工作。

（4）记录并整理本实习队在实习单位的好人好事、先进典型和不足之处。整理实习材料，负责实习返校后的实习队情况汇报和工作总结。

2. 实习队副队长的职责

若实习队人数超过 15 人，则应设实习队副队长。副队长的工作职责如下。

（1）主管实习期间实习队成员的考勤纪律。

（2）协同领队教师与实习单位联系，安排好实习生的生活及工作场所。负责借领本实习队的实习器材，使用期间要注意保管，不得遗失。

（3）组织做好返校前公物归还、对损坏物件的赔偿、宿舍与工作场所的清洁及实习结束前的其他各项工作。

第2章 实习心态调适

大学生步入实习岗位，将面临生活环境、身份角色及人际关系等一系列的改变，如果对上述改变缺乏心理准备，则容易出现种种适应障碍问题，如失落、焦虑、抑郁及消极怠工等。因此，大学生在实习准备环节，除了要熟悉相关的实习规章制度和操作规范流程外，还需要掌握一些调适实习心态的方法，以帮助自己尽快进入实习角色，适应实习环境，为职业生涯打好基础。本章首先介绍了心态调适的重要性，对心态调适的内涵做了解释，接着介绍了大学生在实习中常见的心理适应问题及相应的实习心态调适方法。

2.1 心态调适的重要性

* * * * * * * * * * * * * * * * * * *

小故事

古时有一位国王，梦见山倒了，水枯了，花也谢了，便叫王后给他解梦。王后说："大势不好！山倒了，指山河要倒；水枯了，指民众离心，君是船，民是水，水枯了，船也行驶不了了；花谢了，指好景不长了。"国王惊出一身冷汗，从此患病，且愈来愈重。一位大臣参见国王，国王在病榻上说出了他的心事，哪知大臣一听，大笑说："太好了，山倒了，指从此天下太平；水枯了，指真龙现身，国王您就是真龙天子；花谢了，花谢见果子呀！"国王听完全身轻松，身体很快就痊愈了。

这个故事告诉我们，事物往往都有其两面性，问题就在于当事者持何种心态去对待。不同的心态所起到的作用和获得的效果是完全不同的。

2.1.1 心态的含义与作用

心态是心理态度的简称，是指个体对特定对象（人、观念、情感或者事件等）做出反应的心理倾向，这种心理倾向蕴含着个体的主观评价及由此产生的行为倾向性，对人的思维、选择、言谈和行动具有导向和支配的作用。对于我们每个人来说，心态是一个人的主观意识，它决定和指导了我们的行为。有什么样的心态，就有什么样的行为。行为经长期积累，也就成了习惯，而人的一生往往被这样或那样的习惯主宰。人本主义心理学家马斯洛曾指出，心态若改变，态度跟着改变；态度若改变，习惯跟着改变；习惯若改变，性格跟着改变；性格若改变，人生就跟着改变。

美国成功学大师拿破仑·希尔关于心态的重大作用讲过这样一段话：

"人与人之间只有很小的差异，但是这种很小的差异却造成了巨大的差异，这种很小的差异就是你所具备的心态是积极的还是消极的，巨大的差异就是成功和失败的差异!"[1] 因此，当个体身处相同的环境面对同样的对象，拥有不同的心态，将产生不同的行为动力，导致不同的行为结果。

心理健康问题也得到了党和国家的关注。2016 年 12 月 30 日，国家 22 个部门联合发文《关于加强心理健康服务的指导意见》，该意见强调了心理健康服务的重要性。党的十八大报告中也提出了要培养自尊自信、理性平和、积极向上的社会心态。这些给高校心理健康教育工作确立了目标和指明了方向。

2.1.2 心态调适的内涵

心态调适在心理学上被称为"心理适应"，是指当个体面对周围环境的变化时，持有积极灵活的心态，主动调整自己的身心，在与周围环境相互作用的过程中，以一定的行为积极地反作用于周围环境，从而获得平衡的心理能力，保持良好的有效的生存状态。因此，正如狄更斯所言："一个健全的心态，比一百种智慧都更有力量。"心态调适能力在某种意义上反映了个体的心理成熟程度。由于人们生活的环境（包括自然环境、心理环境和社会环境）是处在不间断的变化中的，因此每个人每时每刻都存在着适应的问题，都会产生不断适应新环境的需要。心态调适能力成为个体生存与发展的必备能力，其根本目的是达到或恢复主客体之间的平衡状态。

2.2 实习中常见的心理适应问题

实习是大学生职业生涯的预备阶段，借助实习，学生可以初步完成从理想到现实的心理转换和从学生到职员的角色转换。顺利的心理转换可以

[1] 付宏鹏，孟冰岚，程媛媛. 大学生心理健康教育 [M]. 北京：冶金工业出版社，2021：206.

减轻学生初入职场将要历经的现实冲击，完整的角色转换能为他们将来尽快适应新的工作岗位打下良好的基础。大学生一定要清楚地认识到这一点，积极把握好实习机会，特别是面对苦难时，更要及时调整好心态，坚持到底，通过实习，提升自己的能力。

但是，形形色色的实习生活在给予大家机会的同时，也会带来挑战。当学生们离开校园，投入全新的工作环境，步入紧张的实习生活中，难免会有些惴惴不安，不知该如何去适应，往往会出现下述常见的心理适应问题。

1. 自我封闭

有些学生已经习惯了在校园事事依赖同学和老师，平时缺乏沟通、锻炼，社会经验不足，步入陌生的实习单位，畏惧人际交往，总感觉自己与周围环境格格不入，就以自我封闭的方式来躲避周围环境。

2. 眼高手低

有些学生对实习岗位过于理想化，希望能接触到企业的生产、设计、管理和销售的核心环节，但受个人能力或外界条件所限，实际分配的往往是细小的操作性工作或旁观体验式的轮岗。有些学生不能接受如此落差，认为是在浪费自己的时间，不屑于从身边的琐碎小事做起，心浮气躁，定不下心来实习，常常陷入烦恼和迷茫之中。

3. 自负与自卑

有些学生步入实习岗位，发现周围不少老员工的学历比自己低，容易产生优越感，对自己没有清醒的认识，过分高看自己，不屑于听从老员工的安排，遇到难题也不愿向老员工虚心请教。而一旦工作上遇到挫折，又会变得心灰意冷，认为自己好像什么事情都不会做、什么事情都做不成，继而转入极度自卑的心理状态。

4. 得过且过

有些学生没有意识到实习的重要性，仅把它等同于大学阶段的一门必修课程，认为自己只要按时出勤顺利拿到实习学分就可以了，在实习过程中缺乏积极主动性，"做一天和尚撞一天钟"，白白浪费了锻炼机会。

2.3 实习心态调适方法

* * * * * * * * * * * * * * * * * *

针对上述常见的心理适应问题，本节将介绍一些实习心态调适方法来帮助大学生顺利度过实习适应期，及时完成角色转变，积极投入实习过程中，为今后的职场适应奠定良好的基础。

2.3.1 阳光心态

生命需要阳光，心态更需要阳光。阳光心态是一种积极、宽容、感恩、乐观和自信的心智模式，是指人的心态因当前事物和过去经验引起的活动在一段时期内表现出相对稳定的、持续健康的状态。阳光心态是人们面对生活、学习和工作的积极心态，它不仅能够帮助人们正确面对挫折与困难，还可有效增强人们的生活、学习、工作的信心，积极去寻求解决问题的方法。例如，有国外学者研究发现，乐观（积极心态）正向预测生活满意度，进而增加了积极效应。阳光心态不仅可以增强人们的抗压、抗挫及适应的能力，还可以增强其自信心，提高其心理健康水平，从而使人们能够积极、有效地面对各种社会矛盾和问题。这种积极、正面的心态能赋予人们无穷的力量来面对人生的一切风雨和成败。

关于阳光心态，自尊自信是基础，理性平和是内核，积极向上是要求。自尊就是尊重自己，是个体对自我的肯定、尊重和悦纳，是一个人最基本的心理底线及其生存和发展的首要前提。自信是构建大学生阳光心态的重要基石。理性的心态主要表现为客观合理、理解信任、共生共赢和兼容开放。平和的心态是心理健康的表现，表现为心境、情绪的平静豁达和健康稳定的状态与水平。理性平和的心态表现为既重视通过客观、冷静、理智、科学的心态来对待外界与社会，又注重采取恰当的方式来处理自身与外部的关系，避免狭隘和片面，是大学生阳光心态的内核。积极向上的心态是指主动进取的、乐观热忱的、奋发有为的心理状态和趋向。中华民族历来尊崇“天行健，君子以自强不息”。积极向上是大学生阳光心态的本质要求。

拥有阳光心态的两个重要表现：一不轻言放弃；二不怨天尤人。大学生步入新的实习岗位应该保持阳光心态，善于从陌生环境带来的种种不适中寻找机遇和挑战，乐于做别人不愿做的小事，积极主动地收集和自己实习有关的一切信息，充分地了解和熟悉实习环境及实习岗位的特点和工作内容，脚踏实地，一步一个脚印向前走，从而对实习工作有比较全面和深入的认识。只有对自己的实习环境有了充分的了解，才能快速地适应角色的转变。

2.3.2 空杯心态

何谓“空杯心态”呢？传说，古时一个佛学造诣很深的人，听说某地的寺庙里有位德高望重的老禅师，便前去拜访。他一直喋喋不休地说着自己的观点，老禅师沉默不语，十分恭敬地为他倒茶，明明杯子已经满了，老禅师还不停地倒。他不解地问：“大师，为什么杯子已经满了，还要往里倒？”老禅师说：“是啊，既然已满了，干吗还倒呢？”其实，老禅师的意思是：“既然你已经很有学问了，干吗还要到我这里来求教呢？”这就是“空杯心态”的起源，其象征意义是做事的前提是有好心态。如果想学到更多学问，先要把自己想象成“一个空着的杯子”。一代武学宗师、功夫巨星李小龙也非常推崇这个道理，他说：“清空你的杯子，方能再行注满，空无以求全。”这就要求人们要将心里的“杯子”倒空，将自己所重视、在乎的很多东西及曾经辉煌的过去从心态上彻底了结、清空。这是每一个想在职场有所发展的人必须拥有的最重要的心态。

空杯心态是指要怀着否定或者说放空过去的一种态度，去融入新环境，对待新工作、新事物。如果总守着自己的半桶水晃呀晃，有相应的成就感就认为“也不过如此”，这个时候往往会滋生浮躁心理和骄傲心态，如此一来，求知欲下降了，自傲心理膨胀了，学习的动力没有了，再也没法吸收更多的新知识。

荀子在《解蔽》中说：“心者，形之君也，而神明之主也。”意思是“心”是身体的主宰，是精神的领导。现实生活中的人们，持有各种各样的心态：快乐的、悲观的，自信的、自卑的，积极的、消极的……持有不同心态的人，生活目标不同，生活的质量自然也就不会相同。心态既能使人成功，也能使人失败。将心里的“杯子”倒空，在对自己有清醒的认识的前提下，抱着谦虚的态度，让自己从学徒的心态开始前行。不仅要服从部门主管的安排，还要积极配合周围同事的工作，虚心向同事学习、请教，不断更新过时的知识和经验，不断学习新的东西，只有这样才能帮助自己尽快适应新的环境，得到大家的认可和尊重。

2.3.3 感恩心态

感恩既是一种生活态度，更是一种美德。感恩心态是尊重自然、社会和他人的态度，是对自然规律、社会规律和生命价值的敬畏，是责任意识、自立意识、自尊意识和健全人格的体现。因为懂得感恩，就懂得以平等的眼光看待每一个生命，看待身边的每个人；懂得尊重每一份平凡普通的劳动；懂得以一种宽宏的心态积极勇敢地面对人生。

大学生社会适应存在于个体与社会环境的交互作用中，存在于大学生的社会追求与社会环境维持和谐平衡关系的过程之中。大学生社会适应根本上是人际适应，社会适应能力是心理健康的重要标志之一。大学生社会适应主要表现为社会角色的扮演，形成自我意识，实现个体社会化的过程。懂得感恩的大学生会发现自身的优缺点，更好地认识自我、完善自我。不难看出，知恩感恩的大学生在社会上为人处世时会展现出许多积极、正面的特质和行为，在以后的工作领域中也会比其他人出色，并能够在社会中历练进而成为有用之才。因此，对大学生进行感恩教育有利于提升大学生适应社会的能力。

社会需要高素质、全面发展的大学生，不需要高智商的利己主义者。懂得感恩既是做人的基本准则，也是作为社会人的基本道德理念。由于社会为我们生存、生活和学习提供了必要的条件，因此大学生应当对社会心存感激，自愿、自觉地发现生活中的美好事物，并以感恩的心态回报社会，增强社会责任感。“国家兴亡，匹夫有责”，国家的繁荣富强也需要大学生具备社会责任感，从国家利益出发，做有益于国家的事情。

大学生步入新的实习岗位若持有感恩心态，就会因感谢学校和企业提供的实习机会而倍加珍惜，诸多抱怨如工作环境差、实习岗位差、住得差、吃得差等，就会烟消云散。因为懂得感恩，就能够学会忍耐和拼搏，能够将自己全身心投入陌生的实习环境中，面对在实习中获得的成果时，会感谢自己的努力和同事的帮助；面对在实习中经历的挫折时，会感谢自己的觉察和同事的“冷漠”（冷漠是自己对他人的主观评价，是与他人互动时的一种自我感受，是否客观还有待考察），逐步认清自己，逐步调整自己，慢慢就能体会到实习带给自己的快乐和成就感。

2.3.4 责任心态

《现代汉语词典（第 7 版）》将“责任感”界定为“自觉地把分内的事做好的心情”[1]。换言之，责任感是一个人积极主动地去做对自身、他人、集体、社会及国家这些主体有益的事情。责任意识可定义为一种自觉的意识，即自觉地完成自己可以做好的事情，正如托尔斯泰所说：“一个人若是没有热情，他将一事无成，而热情的基点正是责任心。”

随着社会文明的发展和进步，大学生社会责任感教育的重要性日益凸显。作为中华民族繁荣昌盛的人才资源和知识力量，当代大学生应当进一步增强社会责任意识，加强对于社会责任感内涵的理解和感悟，加强对社会责任感的内心认同，激发为中国社会改革和经济发展贡献力量的热情，从而进一步推动社会进步和经济发展。

责任不仅是一种美德，更是一种品质。责任心态就是对自己的岗位尽职尽责，积极承担并努力保质保量地完成工作任务。作为社会的人，不可能脱离责任而生存。讲责任，体现着生活的价值，映照着人生的意义。正如话剧《立秋》诠释的晋商精神：天地生人，有一人应有一人之业；人生在世，生一日当尽一日之勤。

大学生步入新的实习岗位应该持有责任态度，踏踏实实地把眼前的每一项工作做好，而不是抱着“我不犯错误就好”“能混过去就好”“我工作不重要”“工资这么低，我犯不上浪费更多的时间”这样的态度来对待工作。无论职位高低，都应该认真对待，可能做一件事情或两件事情的时候大家看不到，但坚持下去大家一定会看到并给予公正的评价。

---

[1] 中国社会科学院语言研究所词典编辑室. 现代汉语词典 [M]. 7 版. 北京：商务印书馆，2016：1637.

第 3 章

实习实训系统操作

根据《教育部关于加强和规范普通本科高校实习管理工作的意见》中“推进实习信息化建设。支持有条件的省级教育行政部门和高校加强实习信息化建设，建立实习信息化管理平台，实现校企双方的实习需求信息对接，加强实习全过程管理”的指导意见，常熟理工学院建成了实习实训系统。该系统明确了学校管理员、学院管理员、企业管理员、校内指导教师等系统角色的工作职责，明确了学生在实习过程中的学习任务；规范了从课程安排、课程管理到分散实习申请审核的一系列实习管理流程。实习实训系统的建成推进了实习工作的信息化建设，加强了实习工作的规范化管理，强化了实习工作的质量监控，提高了学生实习期间的安全保障。

3.1　学校管理员模块

* * * * * * * * * * * * * * * *

学校管理员使用教师工号登录系统，如果已经被分配“专业负责人”权限，在系统菜单栏会显示“实习管理”菜单。

“实习管理”菜单下，又包含“课程管理”“课程安排”“打卡统计”等模块。

3.1.1　课程管理

（1）单击“实习管理”按钮，选择“课程管理”菜单，即进入“课程管理”界面，如图 3.1.1 所示。

图 3.1.1　课程管理界面

（2）打开界面后，在上方检索菜单栏输入相关信息，会展示当前全部的学期数据（图 3.1.2），以及学校管理员为教师分配的专业。

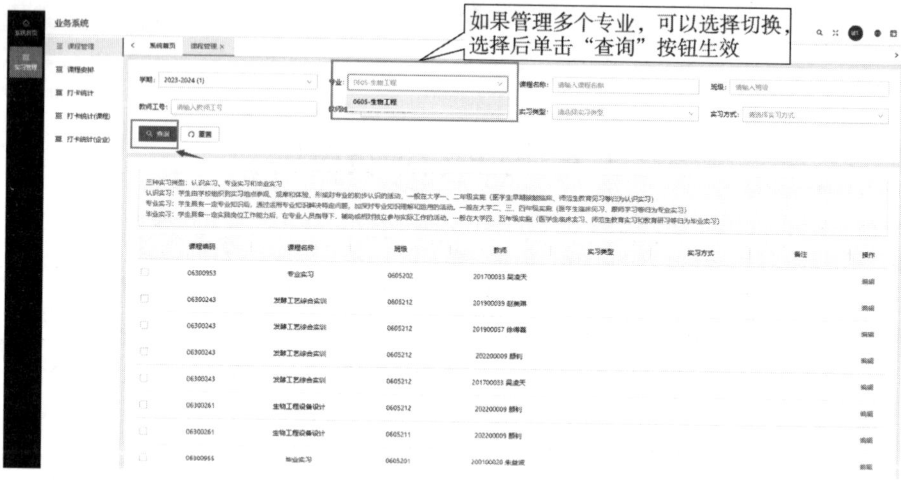

图 3.1.2　当前全部的学期数据信息界面

（3）图 3.1.2 中展示的课程为学校管理员批量导入的课程，专业负责人无权限删除或新增课程，如有需要请联系学校管理员。

（4）单击“编辑”按钮，完善实习课程的信息，如图 3.1.3 所示。

图 3.1.3　实习课程信息管理界面

（5）根据课程的实际情况，填写相关栏，如图 3.1.4 所示。

图 3.1.4　填写界面

（6）关于实习类型：根据要求，课程名称中含有“见习”“实习”“研习”字眼的课程，当“实习类型”属性设置为“其他集中实践课程”时，需要填写“课程认定情况说明”申请表，如图 3.1.5 所示。

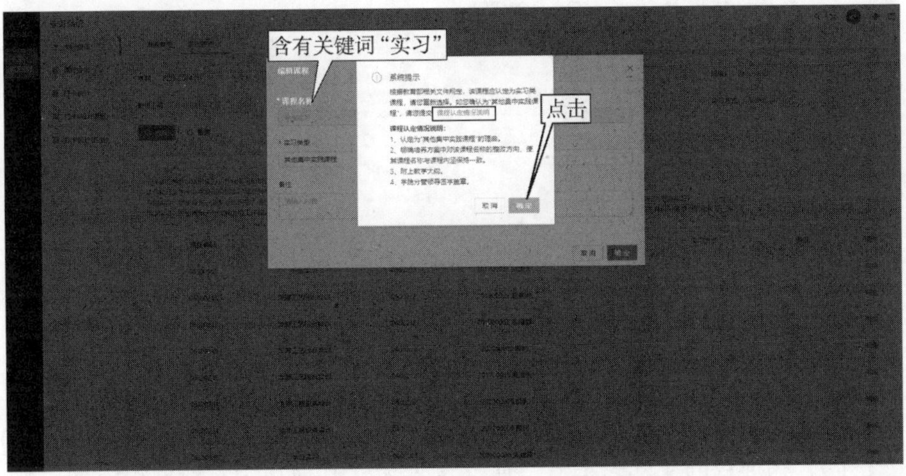

图 3.1.5　见习、实习、研习相关课程选择界面

（7）按照要求，填写“课程认定情况说明”申请表，保存并提交，如图 3.1.6 所示。

图 3.1.6　“课程认定情况说明”申请表保存界面

（8）待学校管理员审核通过后，方可生效，如图 3.1.7 所示。

图 3.1.7　学校管理员审核界面

（9）当课程的“实习类型”属性设置为“其他集中实践课程”时，则表明该课程不参与后续实习课程安排。

（10）当课程的“实习类型”属性设置为“一般课程”时，教师须根据真实情况，勾选对应的课程实习批次，并设置正确的课程属性（指导教师、课程大纲等），如图 3.1.8 所示。

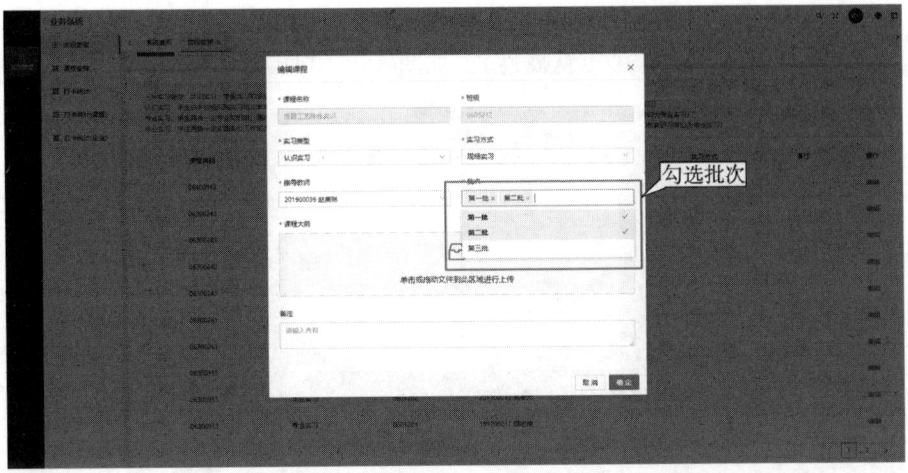

图 3.1.8　实习批次选择界面

3.1.2　课程安排

(1) 在左侧菜单栏切换“课程安排”菜单，进入界面。当前列表展示的是上一步“课程管理”中设置好课程的“实习类型”属性的课程列表(不含属性为“其他集中实践课程”的课程)，如图 3.1.9 所示。

图 3.1.9　课程安排界面

（2）单击“编辑”按钮，完善课程基础信息（当在课程基础信息中添加学生时，即显示课程的默认属性），如图 3. 1. 10 所示。

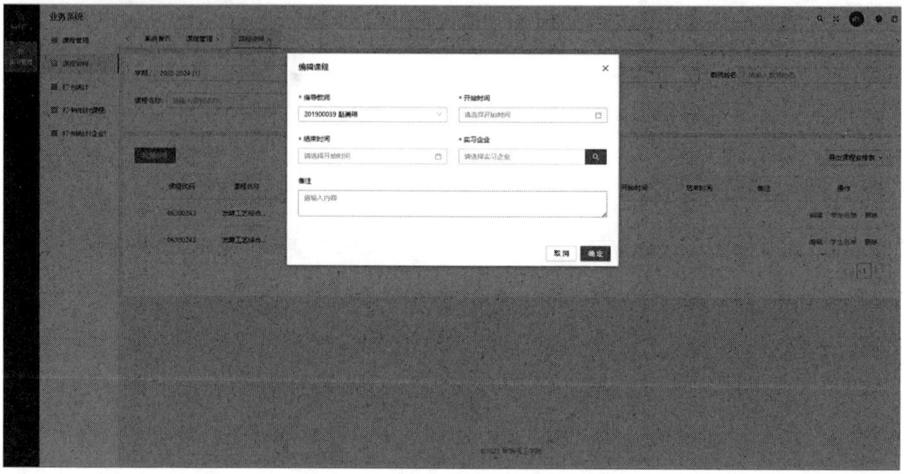

图 3. 1. 10　完善课程基础信息界面

（3）勾选列表数据，单击“批量操作”按钮，就可以进行批量操作，如图 3. 1. 11 与图 3. 1. 12 所示。

图 3. 1. 11　批量操作界面

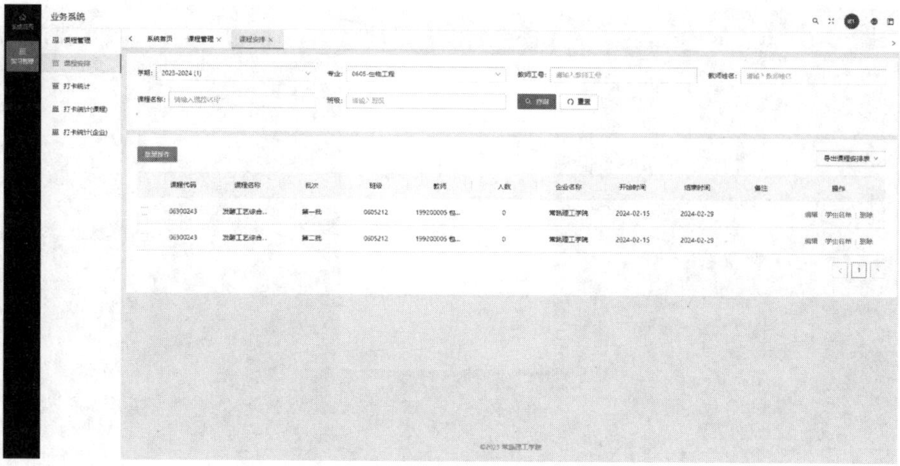

图 3.1.12 批量操作完成界面

（4）单击“学生名单”按钮，进入操作界面，单击“新增”按钮，为课程添加上课学生，如图 3.1.13 所示。

图 3.1.13 添加学生界面

（5）勾选要添加的学生，如图 3.1.14 所示。

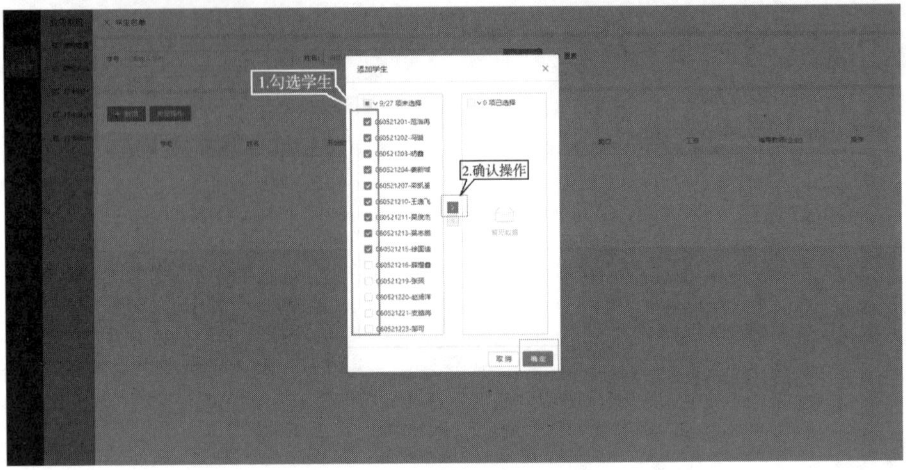

图 3.1.14　选择学生界面

（6）添加学生后，显示课程的默认属性，如图 3.1.15 所示。

图 3.1.15　添加学生信息完成界面

（7）单击“编辑”按钮编辑学生信息（图 3.1.16），单击“移除”按钮可以从该课程中移除学生。

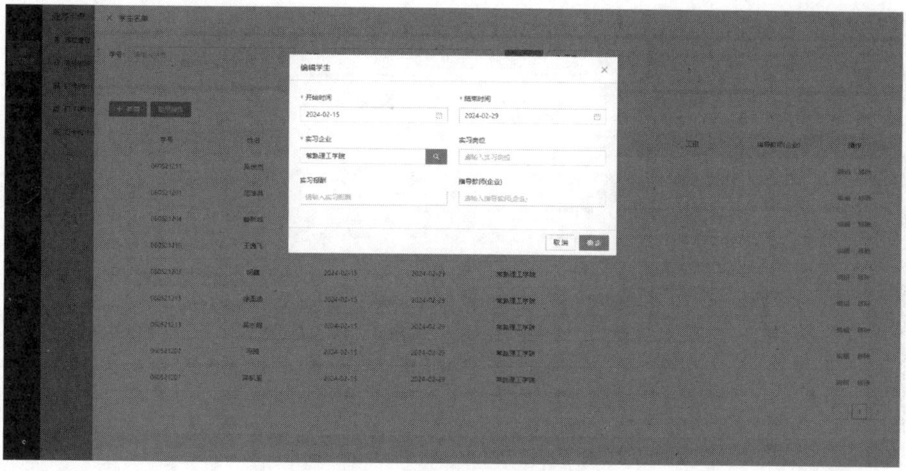

图 3.1.16　编辑学生信息界面

（8）“批量操作”与上述相同。

3.1.3　打卡统计

（1）查看学生打卡日志，如图 3.1.17 所示。

图 3.1.17　学生打卡统计界面

（2）按课程打卡统计查询界面，如图 3.1.18 所示。

图 3.1.18　按课程打卡统计界面

3.2　学院管理员模块

学院管理员拥有学院全部专业的“课程管理”和“课程安排”权限。可编辑学院所有实习课程的“实习类型”“实习方式”“指导教师”“实习批次”等相关信息；可完善所有实习课程的“课程大纲”“实习企业”“开始时间”“结束时间”等具体内容；可审核本学院学生的“分散实习申请”。除此之外，学院管理员还拥有审核学生提交的企业申请、系主任管理权限等。下面将重点介绍这两个权限的功能。

3.2.1　审核企业申请

（1）教师通过学生的企业申请后，学院管理员可以在系统中查看相关的记录，如图 3.2.1 所示。

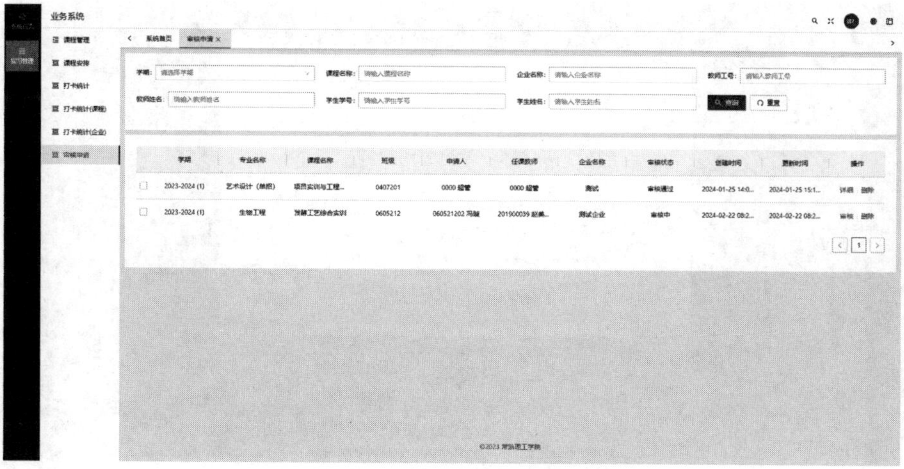

图 3.2.1　企业审核申请查看界面

（2）单击“审核”按钮，如图 3.2.2 所示。

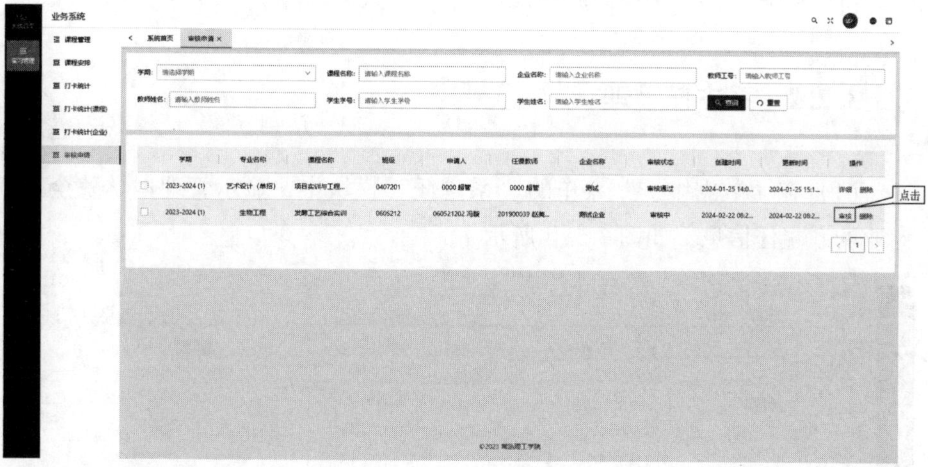

图 3.2.2　审核界面

（3）审核学生提交的企业申请表，如图 3.2.3 所示。

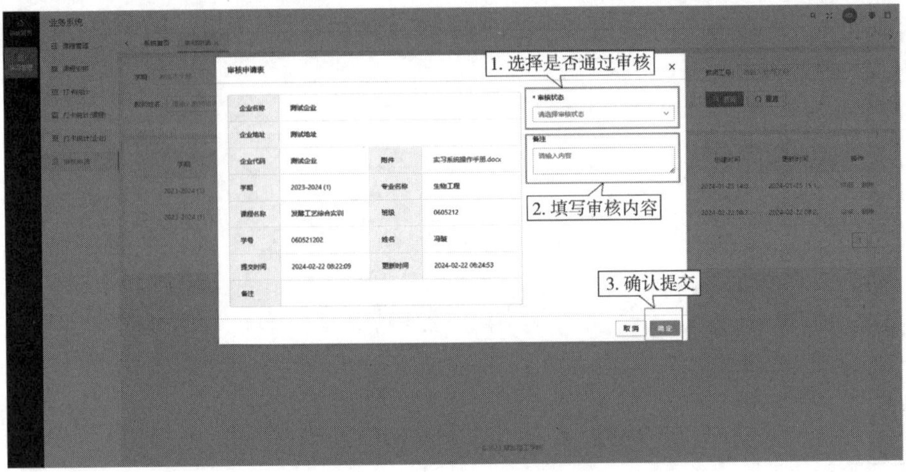

图 3.2.3 审核详细信息界面

（4）审核通过后，学生的课程实习企业数据正式生效，专业负责人后续不可以更改。

3.2.2 系主任管理

（1）在“数据维护”菜单的“系主任”模块中，显示管理本学院全部专业的系主任信息，如图 3.2.4 所示。

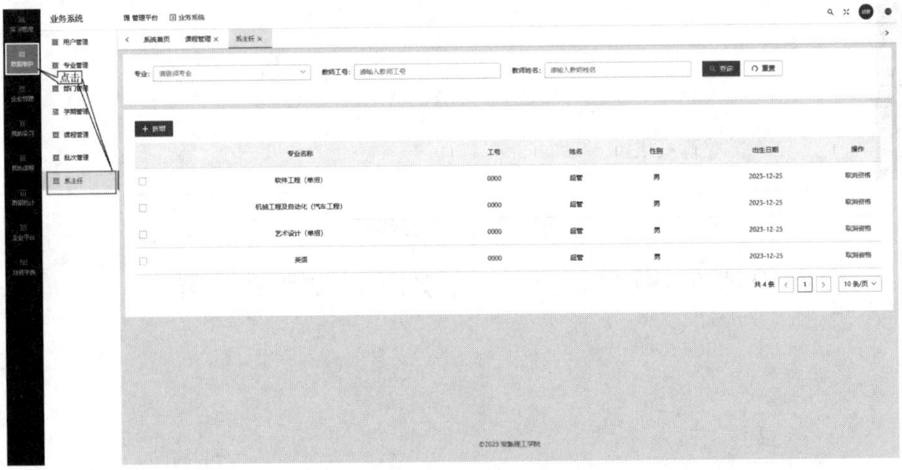

图 3.2.4 系主任管理界面

（2）单击“新增”按钮，选择需要设置的专业（图 3.2.5），单击“确定”按钮。

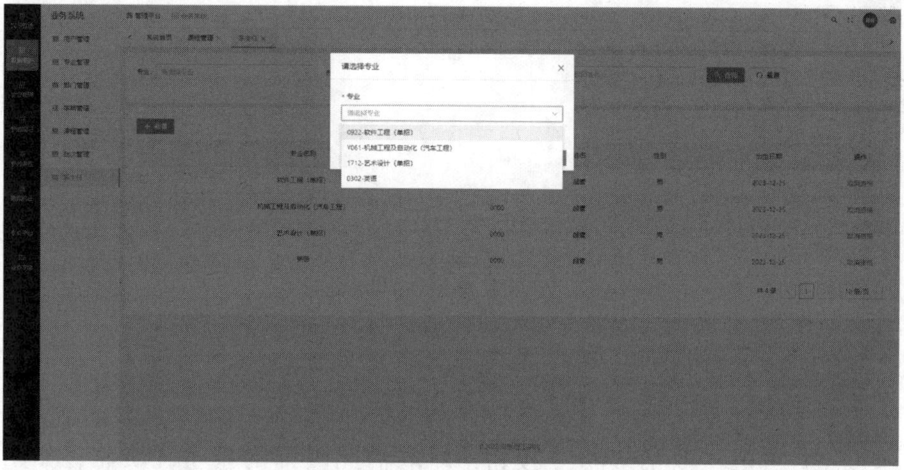

图 3.2.5　专业设置界面

（3）勾选当前所选专业的系主任，如图 3.2.6 所示。

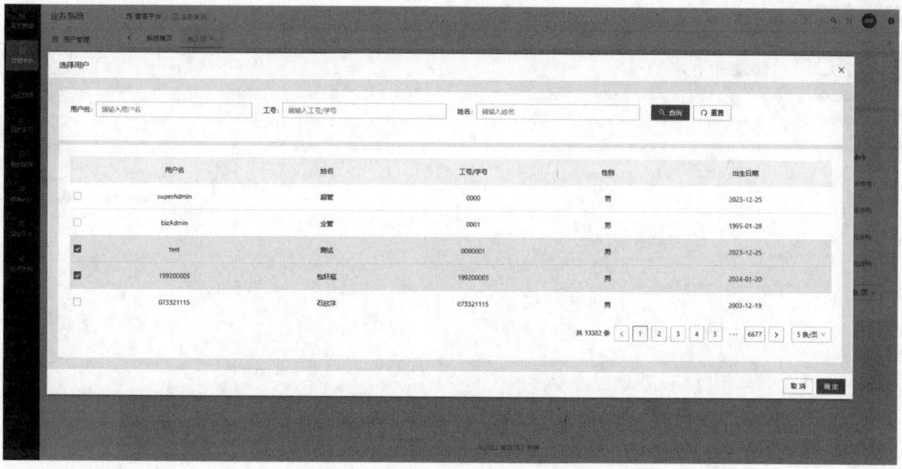

图 3.2.6　选择系主任界面

（4）单击“确定”按钮，即呈现系主任信息界面，如图 3.2.7 所示。

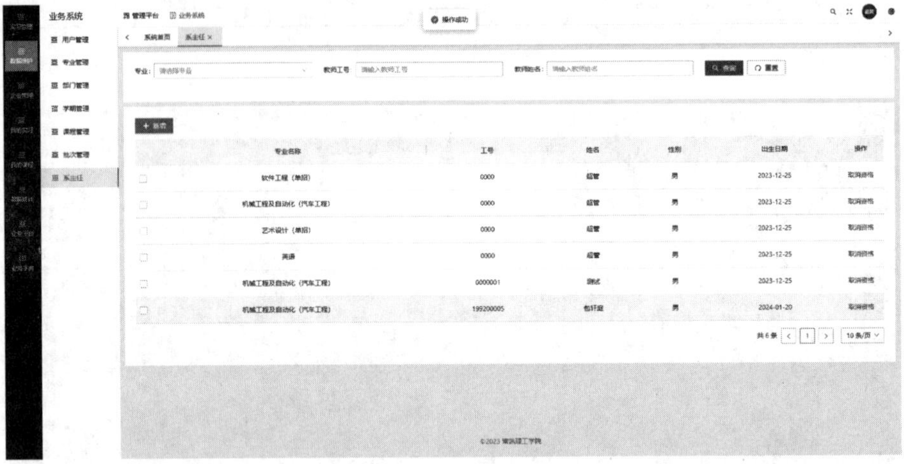

图 3.2.7　系主任信息界面

(5) 单击“取消资格”按钮，即取消此教师的系主任资格，如图 3.2.8 所示。

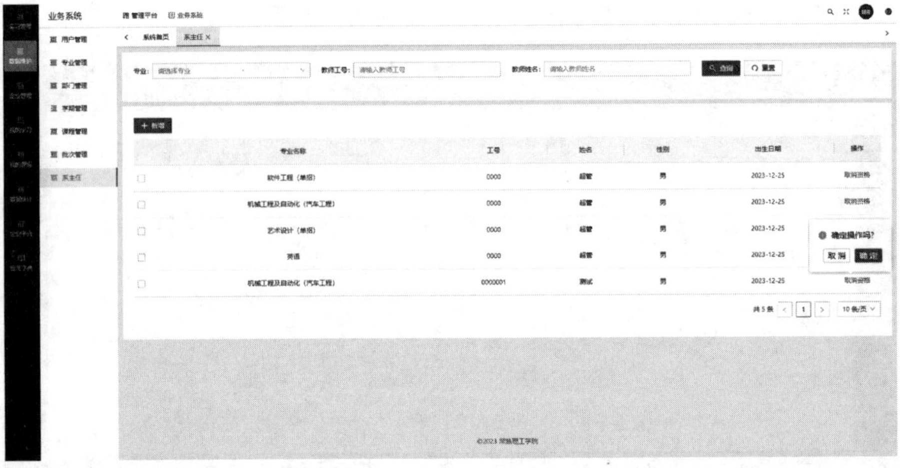

图 3.2.8　系主任资格取消界面

3.3　企业管理员模块

＊ ＊ ＊ ＊ ＊ ＊ ＊ ＊ ＊ ＊ ＊ ＊ ＊ ＊ ＊ ＊

企业管理员登录企业平台，单击“岗位发布”按钮，即可进入“岗位发布”管理界面。

（1）单击“新增”按钮，新增岗位，如图 3. 3. 1 所示。

图 3. 3. 1　岗位新增界面

（2）填写岗位信息，如图 3. 3. 2 所示。

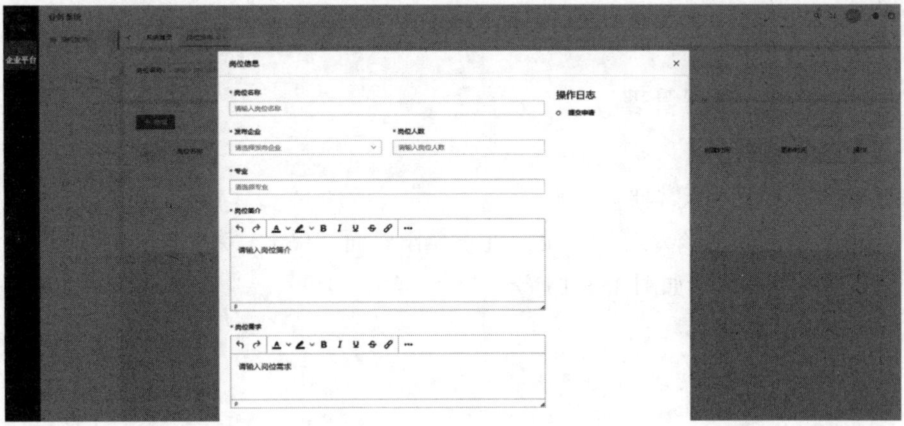

图 3. 3. 2　岗位信息填写界面

（3）提交审核，等待审核通过，如图 3.3.3 所示。

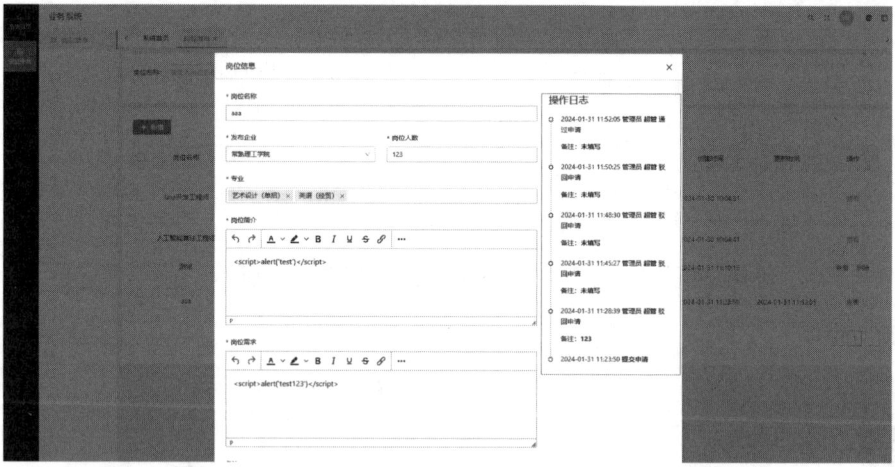

图 3.3.3　审核界面

3.4 校内指导教师模块

* * * * * * * * * * * * * * * * *

校内指导教师拥有“课程管理”“学生打卡”“审核申请”权限。其中，“课程管理”权限又包括“考核方式管理”和“附件管理”两大权限。

3.4.1 课程管理

（1）考核方式管理。

① 单击“考核方式”按钮，进入操作界面，单击“新增”按钮，为课程创建考核方式，如图 3.4.1 所示。

图 3.4.1　创建考核方式界面

② 输入考核方式信息，确定并提交后，即可呈现相关信息，如图 3.4.2 所示。

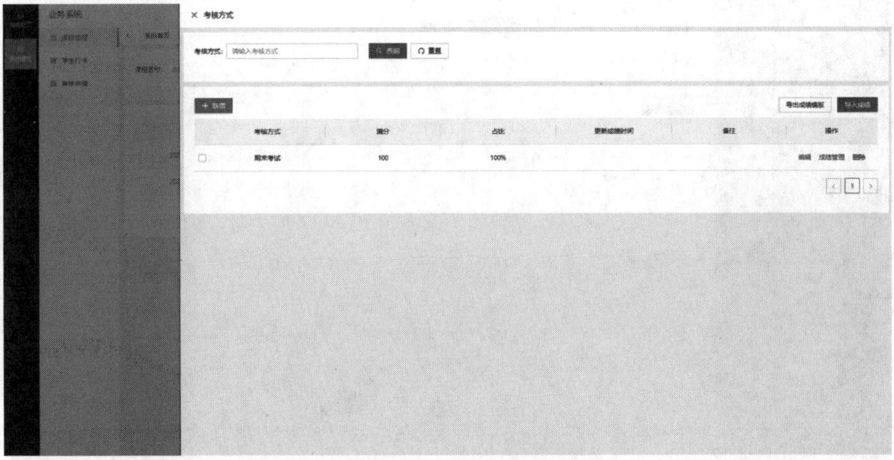

图 3.4.2　考核方式信息界面

③ 单击“成绩管理”按钮，录入学生课程成绩（学生名单要与教务系统中的学生选课名单一致），如图 3.4.3 所示。

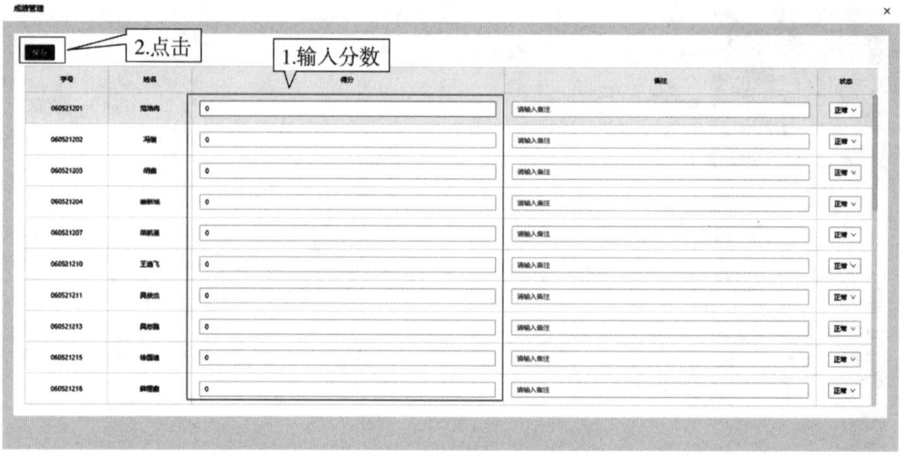

图 3.4.3　成绩管理界面

④ 单击“导出成绩模板”按钮，如图 3.4.4 所示。

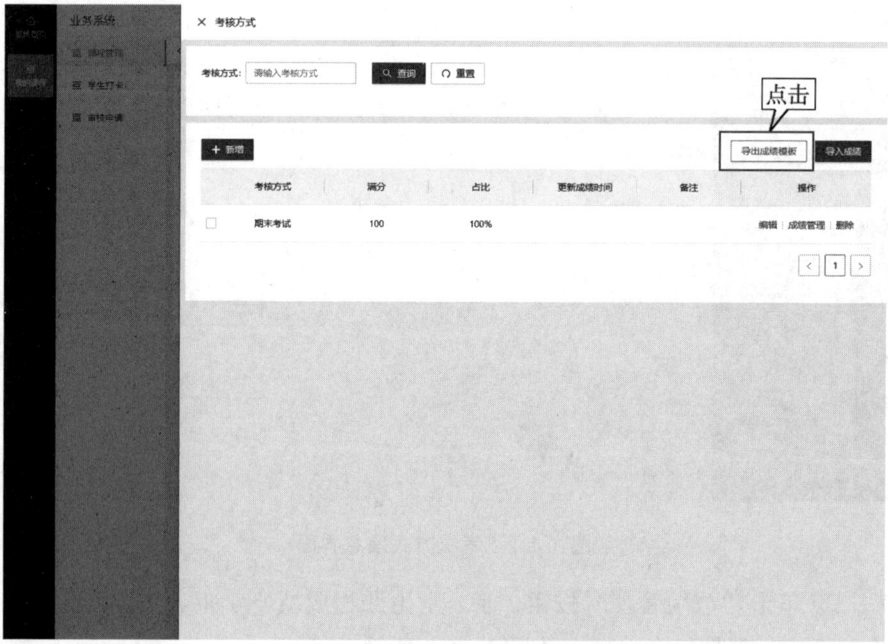

图 3.4.4　导出成绩模板界面

⑤ 导出的成绩模板与教务系统中的模板一致（也可以直接导入教务系统），如图 3.4.5 所示。

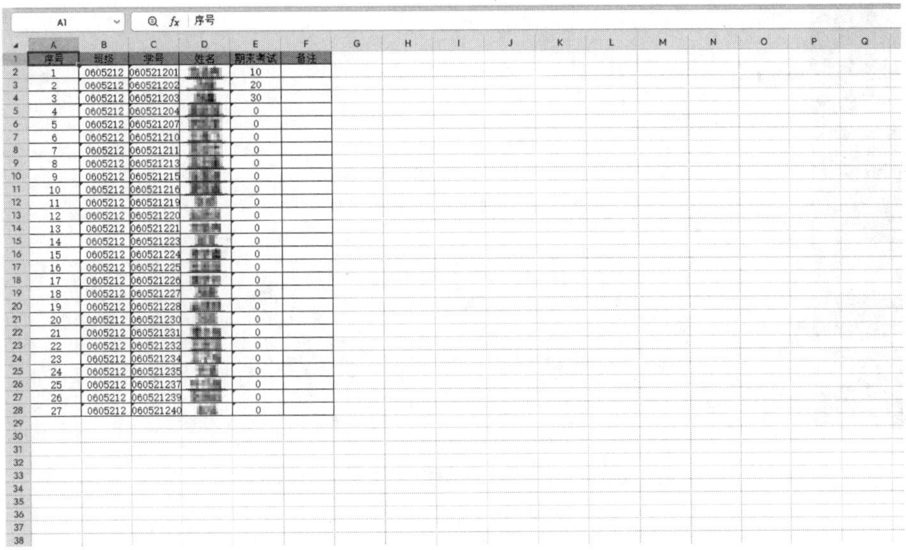

图 3.4.5　**导出文件界面**

（2）附件管理。

① 单击“附件管理”按钮，如图 3.4.6 所示。

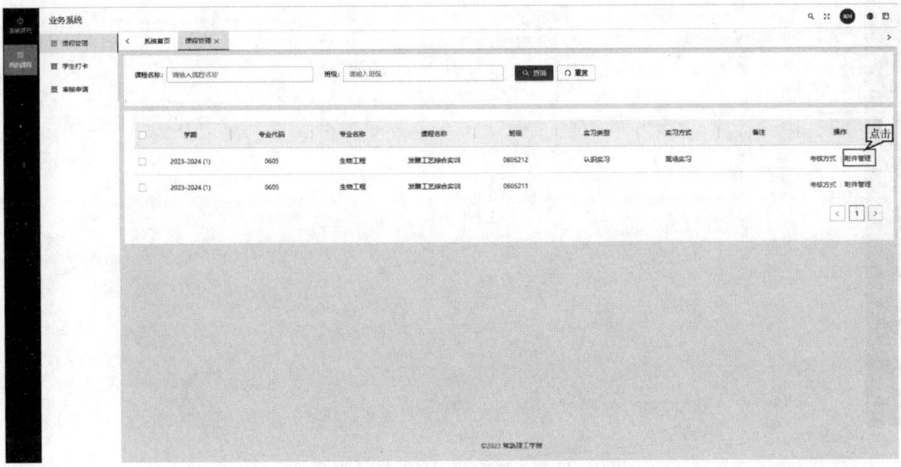

图 3.4.6　**附件管理界面**

② 浏览学生所上传的周报与课程报告附件。单击“批量下载选中附件”或“批量下载全部附件”按钮，批量下载选中的或者当前全部的附件文件压缩包，如图 3.4.7 所示。

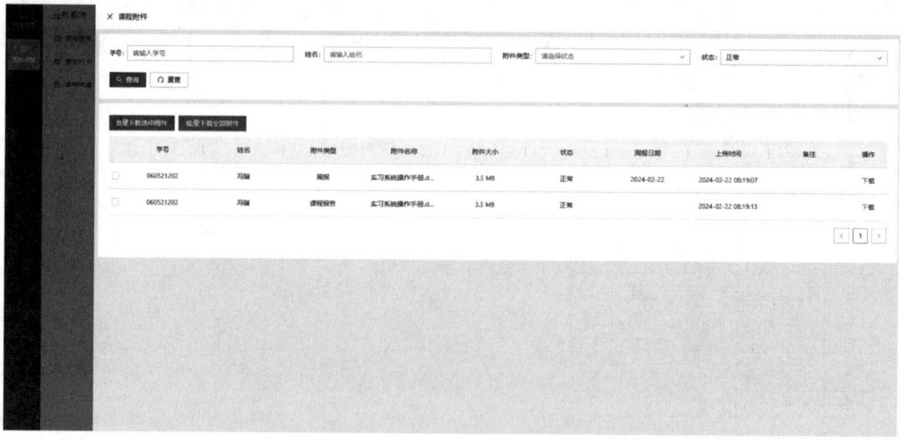

图 3.4.7　周报与课程报告附件下载界面

3.4.2　学生打卡

查询学生打卡日志，如图 3.4.8 所示。

图 3.4.8　查询学生打卡日志界面

3.4.3　审核申请

（1）查看学生的企业实习申请，如图 3.4.9 所示。

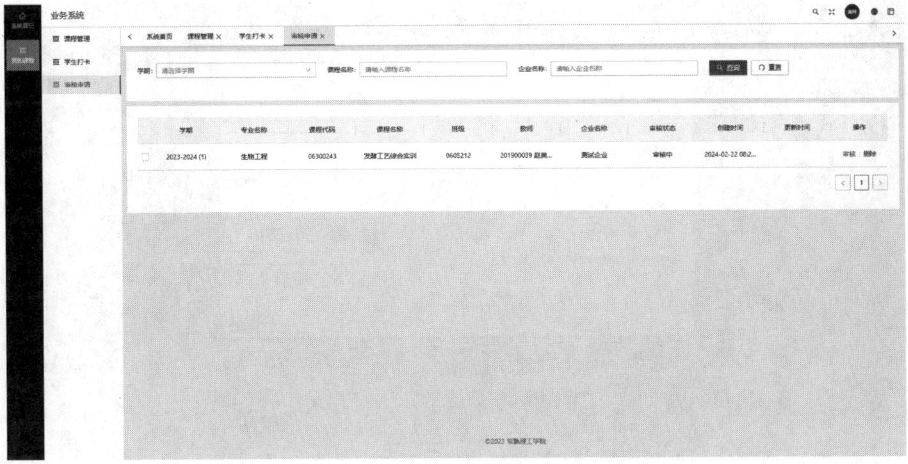

图 3.4.9　查看学生的企业实习申请界面

(2) 单击“审核”按钮，审核学生的企业实习申请，如图 3.4.10 所示。

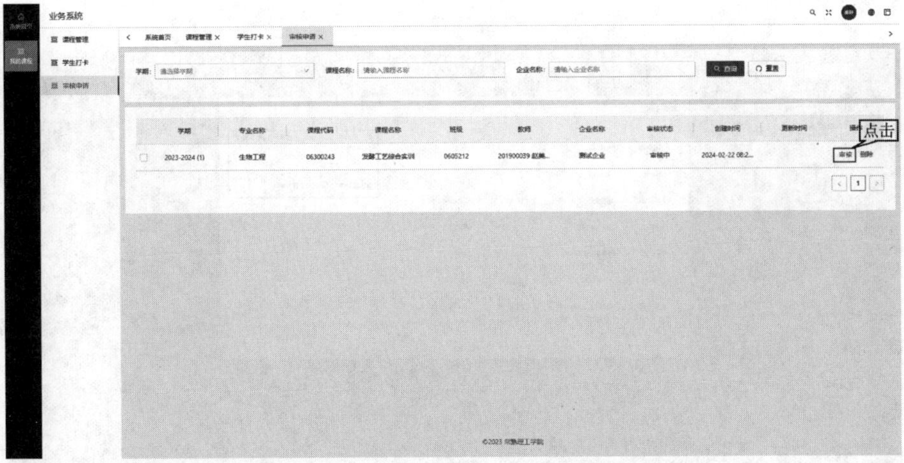

图 3.4.10　学生的企业实习申请界面

(3) 校内指导教师审核，如图 3.4.11 所示。

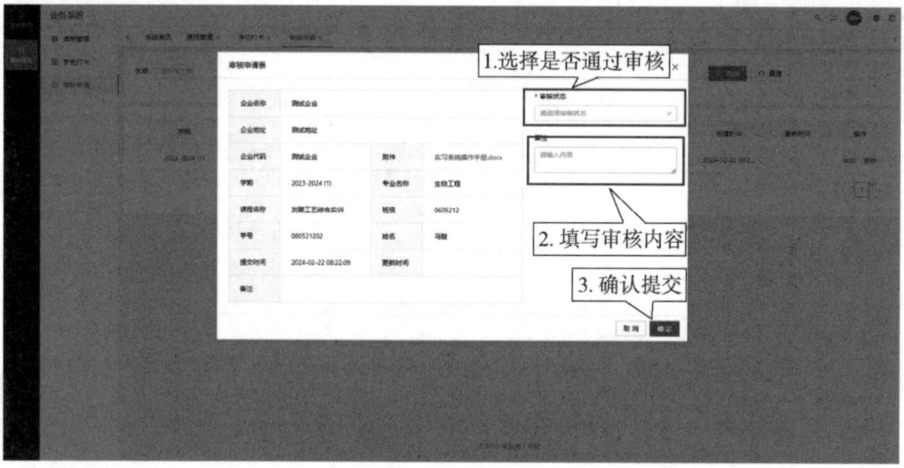

图 3. 4. 11　教师审核界面

（4）校内指导教师审核通过后，需要学院管理员审核通过。待学院管理员审核通过，学生的企业实习申请才算正式通过，如图 3. 4. 12、图 3. 4. 13 所示。

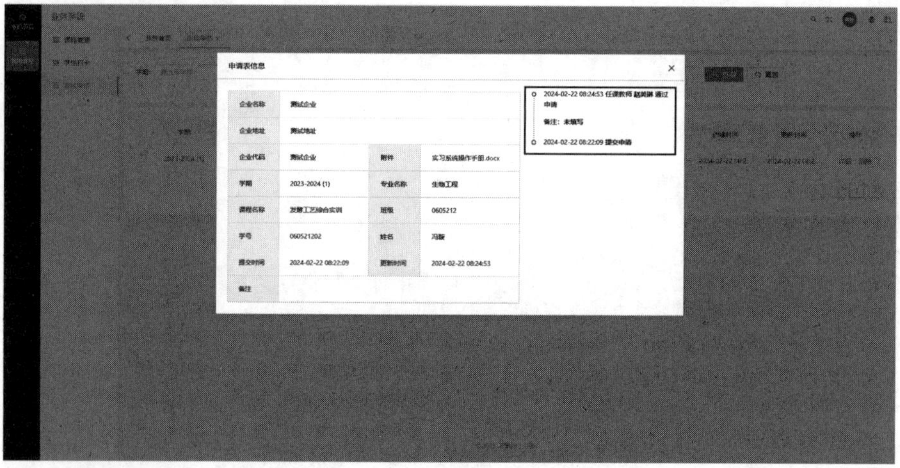

图 3. 4. 12　校内指导教师审核通过界面

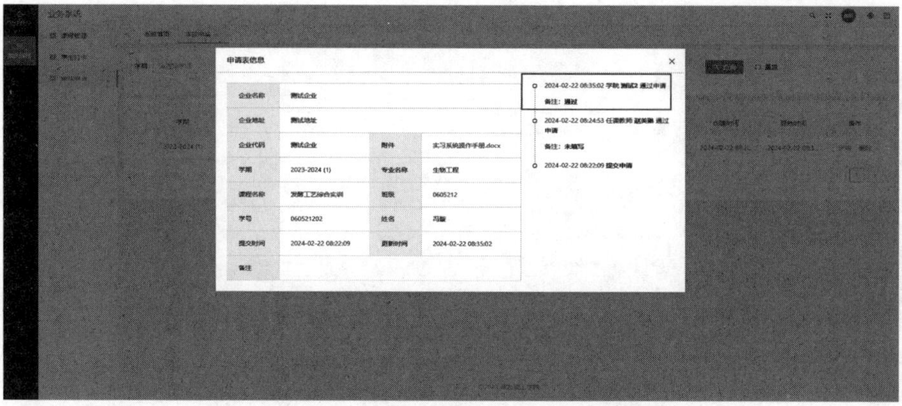

图 3.4.13　学院管理员审核通过界面

3.5　学生（Web平台）模块

＊ ＊ ＊ ＊ ＊ ＊ ＊ ＊ ＊ ＊ ＊ ＊ ＊ ＊ ＊ ＊ ＊ ＊ ＊ ＊

校内学生拥有“课程管理”“课程附件”“实习申请”权限。

3.5.1　课程管理

（1）查看当前所有的实习课程，如图 3.5.1 所示。

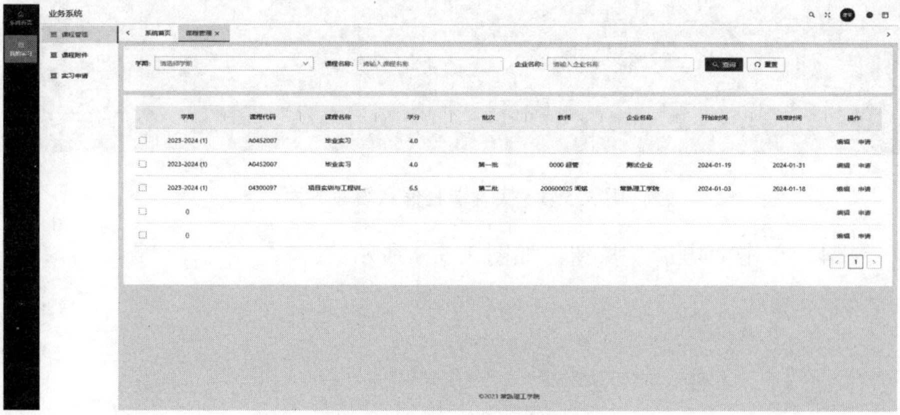

图 3.5.1　实习课程查看界面

（2）单击“编辑”按钮，即可完善课程信息，如图 3. 5. 2 所示。

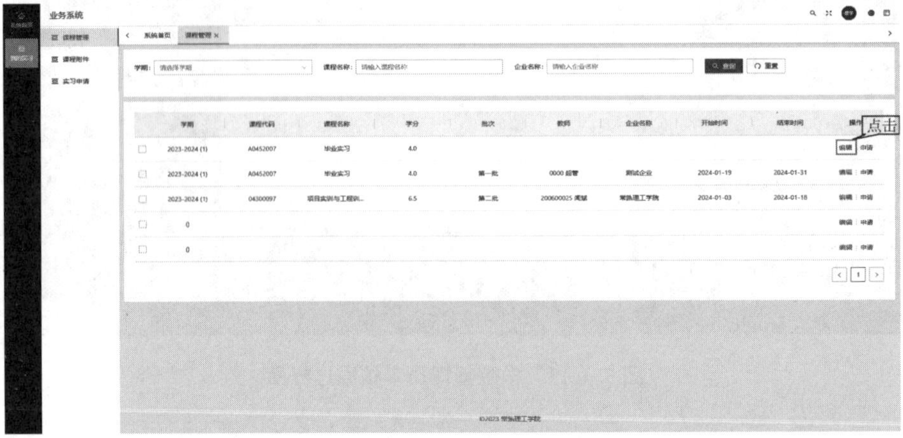

图 3. 5. 2　编辑课程信息界面

（3）填写实习课程信息，如图 3. 5. 3 所示。

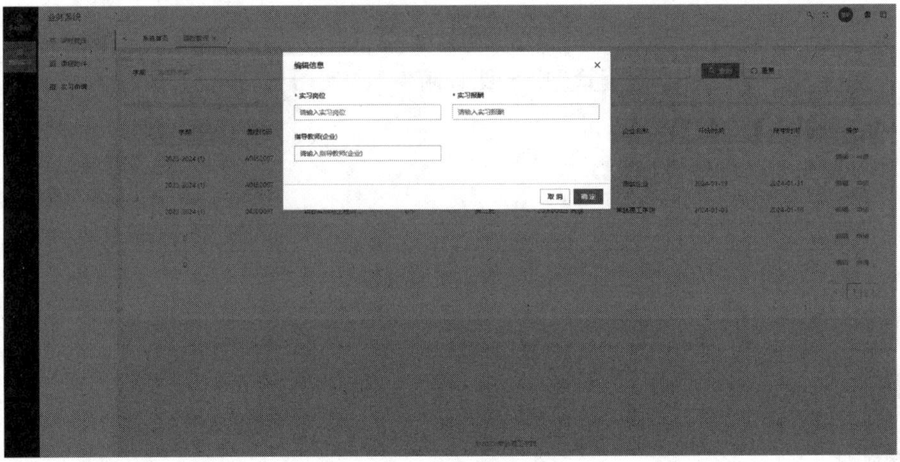

图 3. 5. 3　实习课程信息填写界面

（4）单击“申请”按钮，如图 3. 5. 4 所示。

图 3.5.4 申请界面

（5）填写“分散实习申请表”并提交，如图 3.5.5 所示。

图 3.5.5 “分散实习申请表”填写界面

（6）等待校内指导教师、学院管理员审核通过后，方可生效。

3.5.2 课程附件

（1）单击“周报”按钮，上传课程周报，如图 3.5.6 所示。

图 3.5.6　“周报”按钮点击界面

（2）选择要上传的日期，如图 3.5.7 所示。

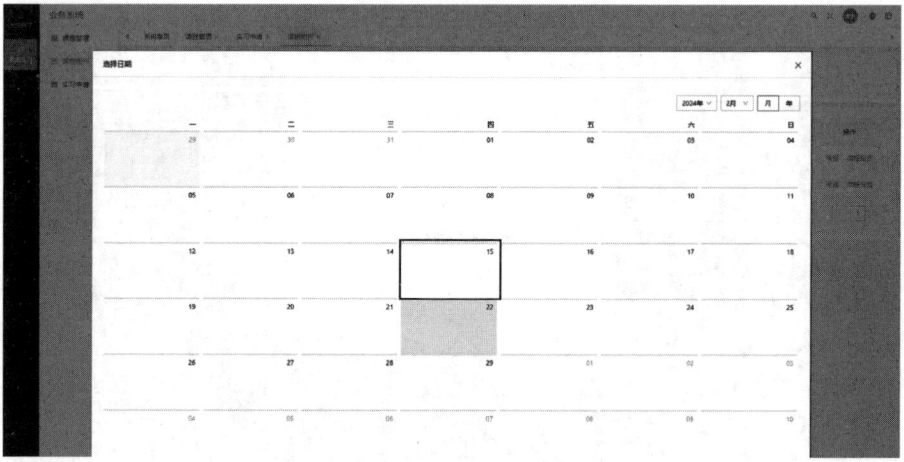

图 3.5.7　日期选择界面

（3）选择要上传的周报附件，如图 3.5.8 所示。

图 3.5.8 周报上传界面

（4）上传并提交数据，如图 3.5.9 所示。

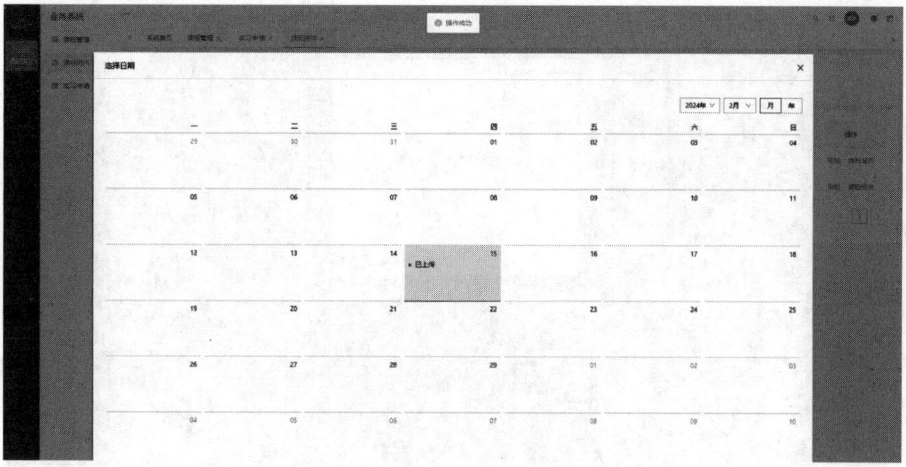

图 3.5.9 周报已上传界面

（5）单击“课程报告”按钮，如图 3.5.10 所示。

图 3.5.10　“课程报告”按钮点击界面

（6）选择附件并上传，如图 3.5.11 所示。

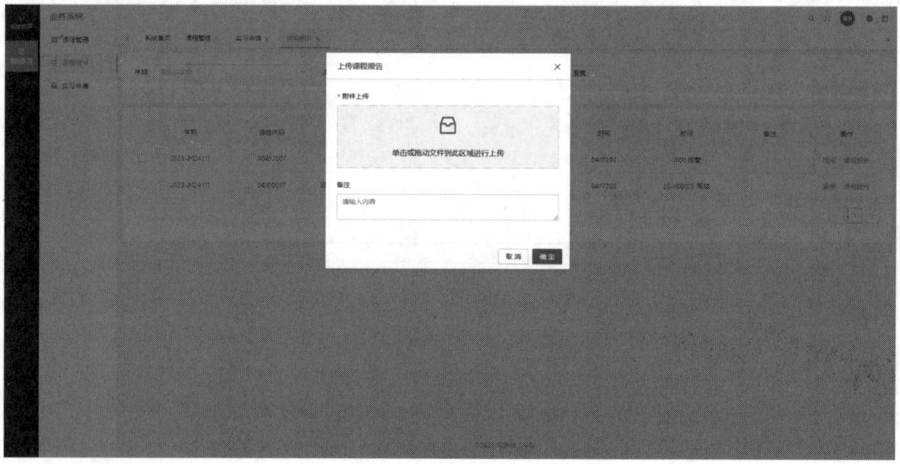

图 3.5.11　课程报告上传界面

（7）确定已上传的附件信息，如图 3.5.12 所示。

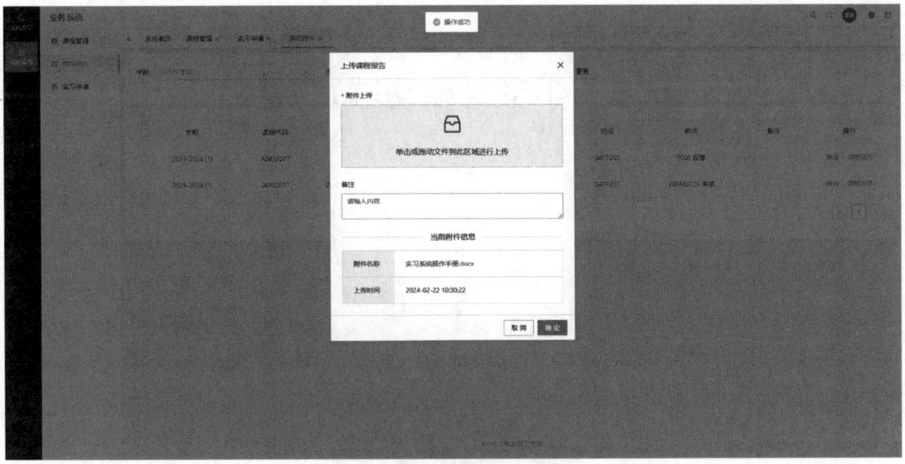

图 3.5.12　已上传附件信息确定界面

3.5.3　实习申请

查看课程实习申请记录，如图 3.5.13 所示。

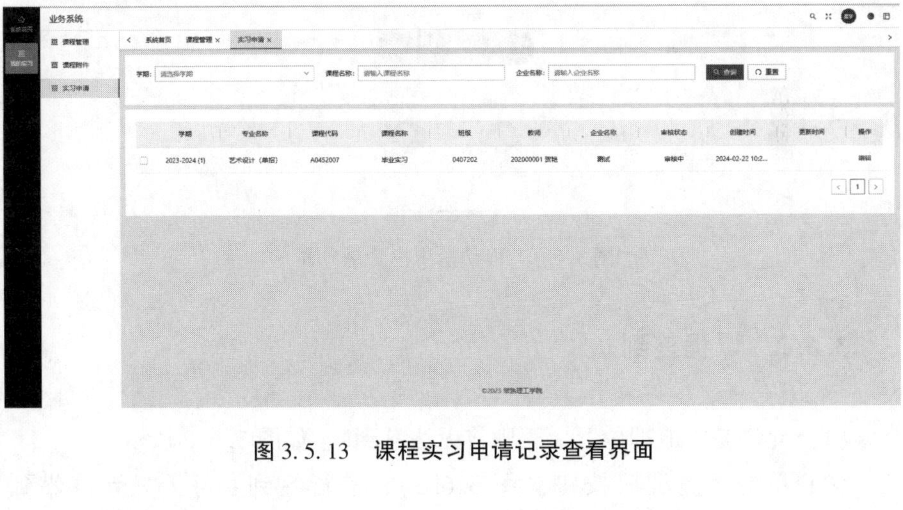

图 3.5.13　课程实习申请记录查看界面

3.6 学生（移动端）模块

* * * * * * * * * * * * * * * * * * *

3.6.1 用户登录

学生输入学号、密码登录，或使用企业微信、QQ 一键登录，如图 3.6.1 所示。

图 3.6.1 移动端用户登录界面

3.6.2 课程签到

（1）允许获取地理位置（否则将无法签到），如图 3.6.2 所示。

（2）单击“签到”按钮（图 3.6.3），进行签到。每天只允许签到一次。

图 3.6.2　允许获取地理位置界面

图 3.6.3　签到界面

3.6.3　企业招聘

（1）查看招聘岗位列表，如图 3.6.4 所示。

（2）单击岗位信息，查看当前岗位对应公司的简介与岗位要求，如图 3.6.5、图 3.6.6 所示。

图 3.6.4　查看招聘岗位界面

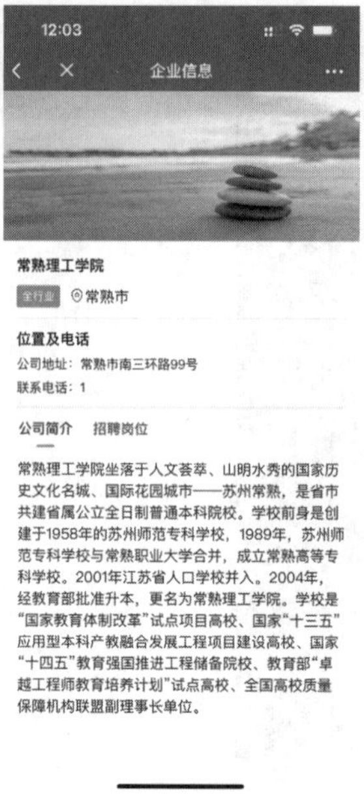

图 3.6.5　企业信息界面

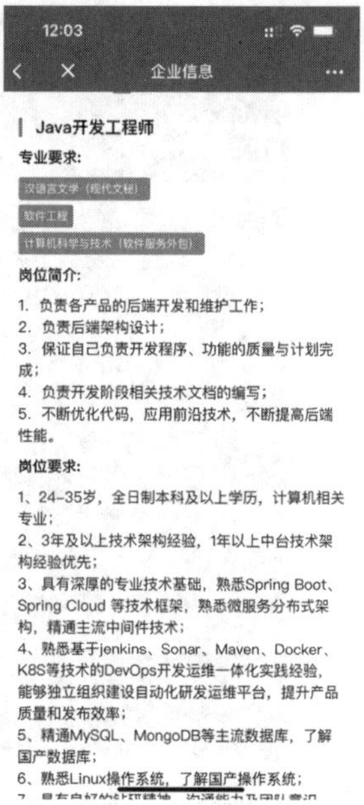

图 3.6.6　岗位详细信息界面

3.6.4　用户中心

签到记录，如图 3.6.7 所示。

图 3.6.7　签到记录界面

第4章

实验实践系统操作

为加强实验教学的信息化管理，常熟理工学院建成实验教学智能管理系统。系统分为“实验中心管理”“实验教学管理”“开放实验管理”“实验人员管理”等几大模块。对实验中心情况、实验设备管理、贵重精密仪器数据、实验课程库、实验教学任务、实验项目安排等重要信息进行数据化管理。实验教学智能管理系统极大地提高了实验室管理效率；为实验室管理者和教师提供了数据驱动的决策支持；通过信息化的监控预警，加强实验室安全建设，杜绝安全事故的发生。

4.1　系统管理员模块

* * * * * * * * * * * * * * * *

系统管理员拥有“账号管理”“实验中心管理”“实验教学管理”“开放实验管理”“实验人员管理”“汇总统计”“初始管理”“交流互动”“待审核”“教务系统对接”“上报国家教育部数据”等权限。因后三项权限使用频率较低，以下将只对前八项权限做详细介绍。

4.1.1　账号管理

该模块可以对本系统下所有角色的账号信息进行管理。

1. 学院管理员

可以对学院管理员信息进行添加、删除、修改、查询，如图 4.1.1 所示。

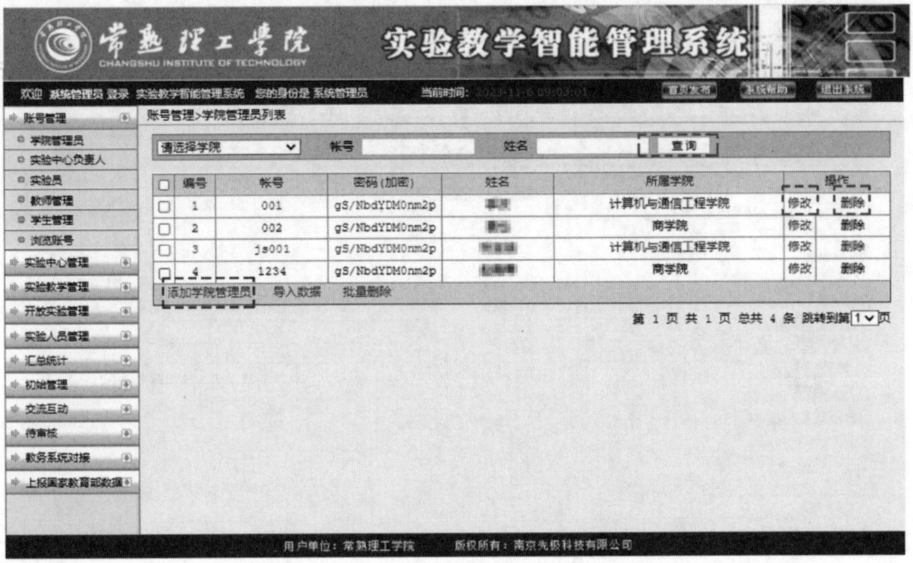

图 4.1.1　学院管理员账号管理界面

在添加学院管理员界面，因为要选择所属学院（图 4.1.2），所以须确保系统中已经增加学院信息，而学院信息的增加功能在“初始管理”菜单下面的“学院管理”栏。

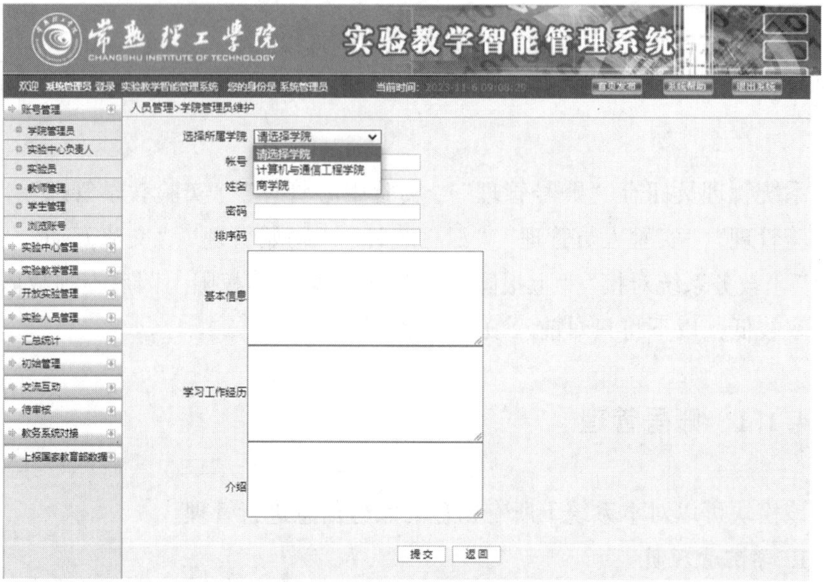

图 4.1.2　选择所属学院界面

也可以下载模板，批量导入学院管理员数据，如图 4.1.3 所示。

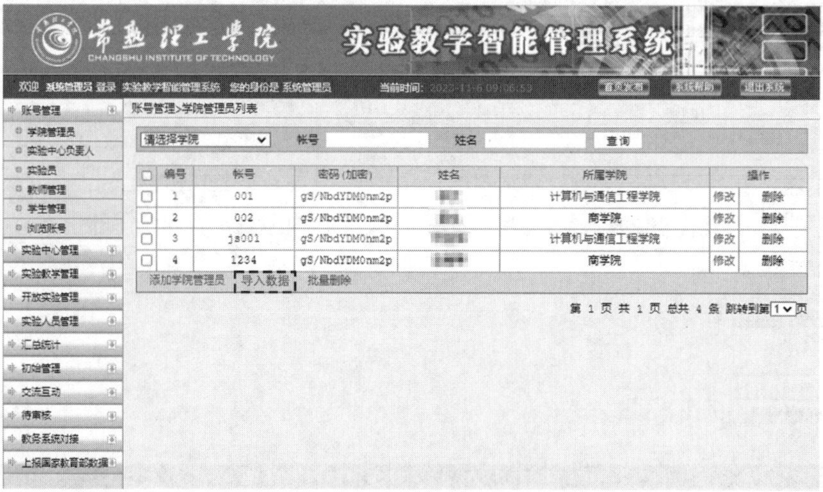

图 4.1.3　导入学院管理员数据界面

2. 实验中心负责人

可以对实验中心负责人信息进行添加、删除、修改、查询，如图 4.1.4 所示。

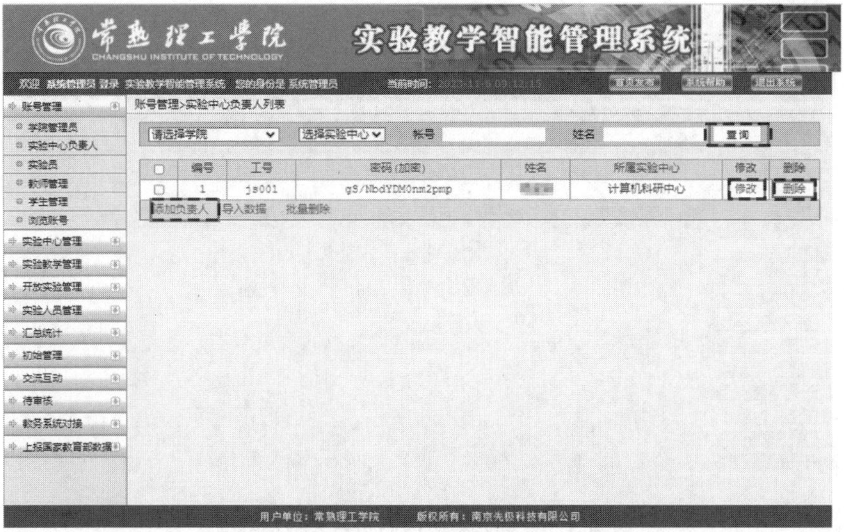

图 4.1.4　实验中心负责人账号管理界面

在添加实验中心负责人界面，需要选择学院及实验中心（图 4.1.5），前提是该学院要有实验中心。增加实验中心的具体内容，是学院管理员的

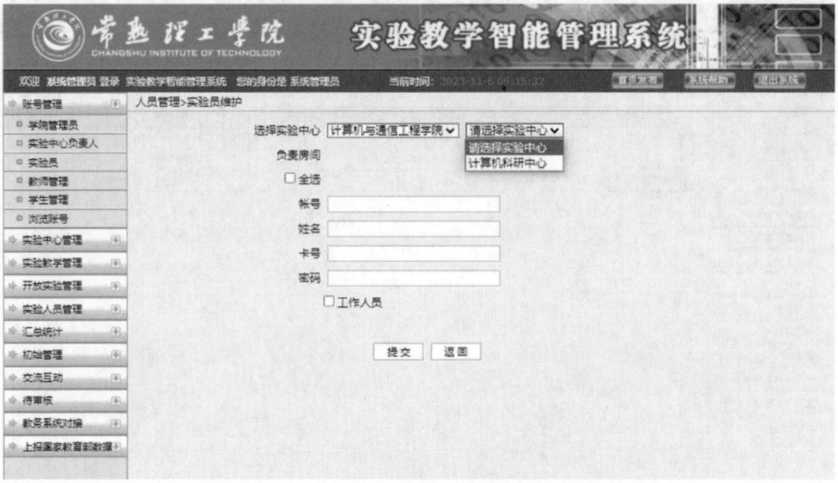

图 4.1.5　实验中心负责人详细信息录入界面

权限。需要登录到学院管理员账号，在“实验中心管理”菜单下，添加实验中心。新增的实验中心负责人的信息由系统管理员审核。

也可以下载模板，批量导入实验中心负责人数据，如图 4.1.6 所示。

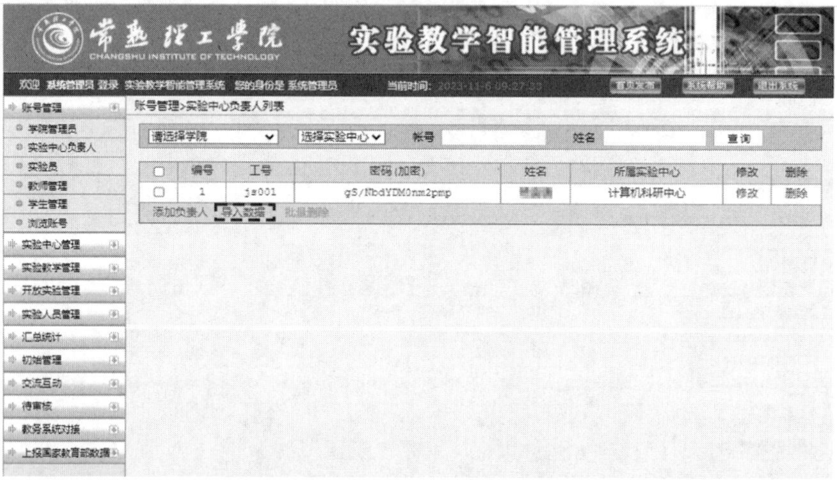

图 4.1.6　导入实验中心负责人数据界面

3. 实验员

可以对实验员信息进行添加、删除、修改、查询，如图 4.1.7 所示。

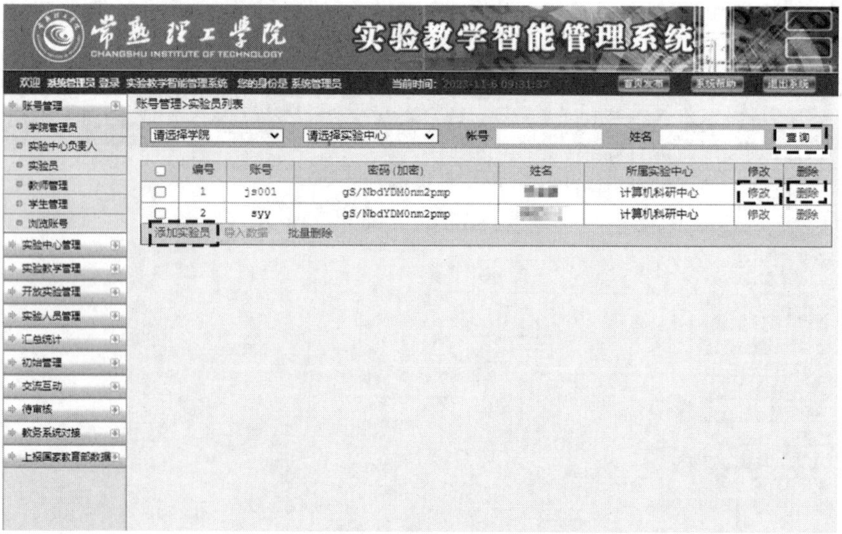

图 4.1.7　实验员账号管理界面

也可以下载模板，批量导入实验员数据，如图 4.1.8 所示。

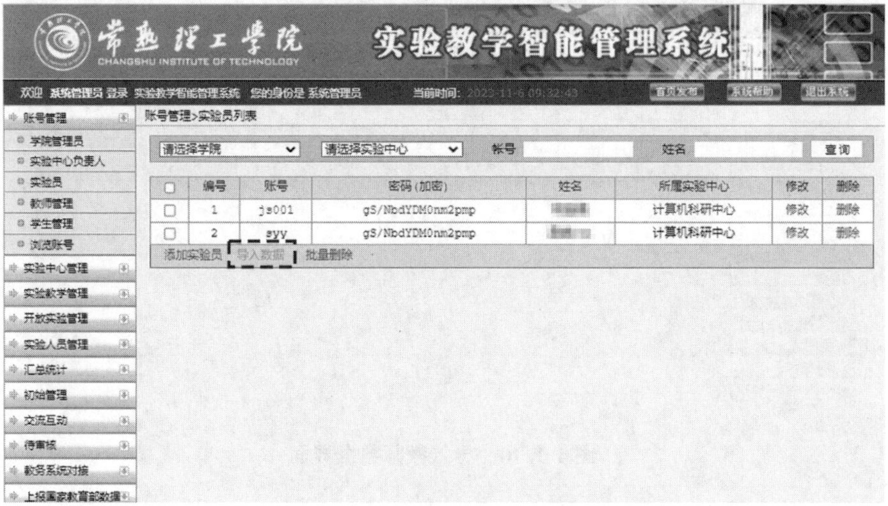

图 4.1.8　导入实验员数据界面

4. 教师管理

可以对教师信息进行添加、删除、修改、查询，如图 4.1.9 所示。

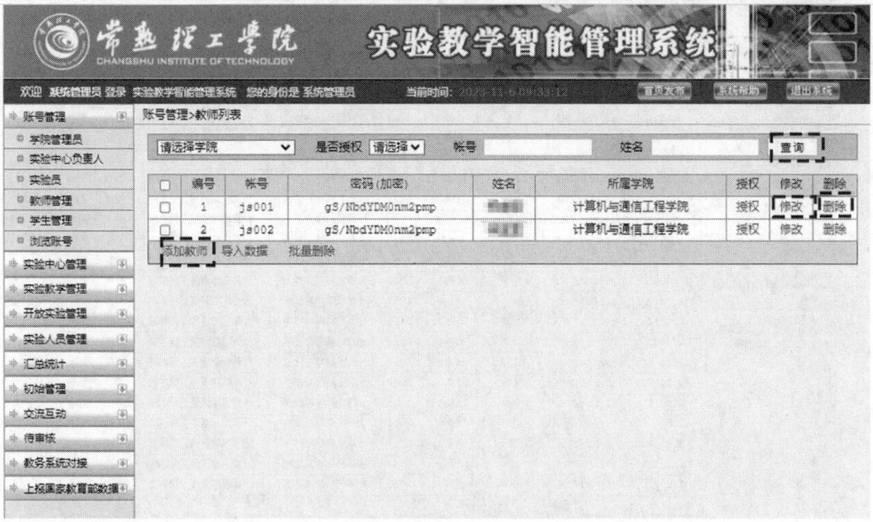

图 4.1.9　教师账号管理界面

也可以下载模板，批量导入教师数据，如图 4.1.10 所示。

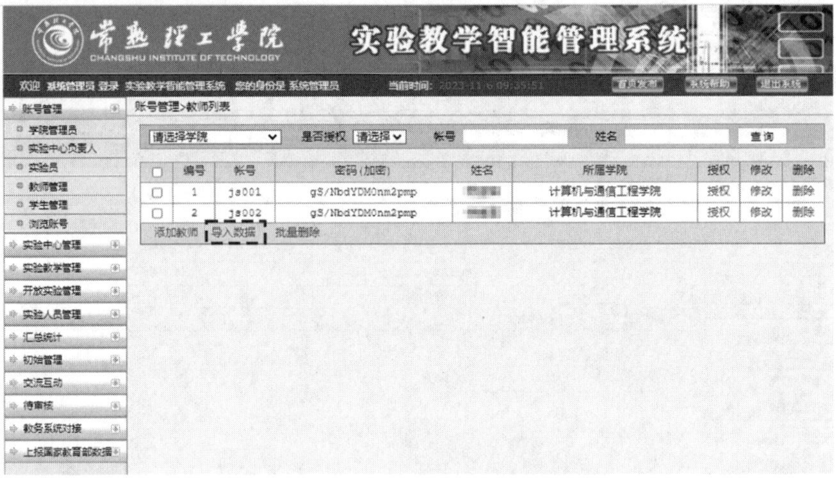

图 4.1.10　导入教师数据界面

5. 学生管理

可以对学生信息进行添加、删除、修改、查询，如图 4.1.11 所示。

图 4.1.11　学生账号管理界面

也可以下载模板，批量导入学生数据，如图 4.1.12 所示。

图 4.1.12　导入学生数据界面

6. 浏览账号

可以对浏览人员信息进行添加、删除、修改、查询，如图 4.1.13 所示。

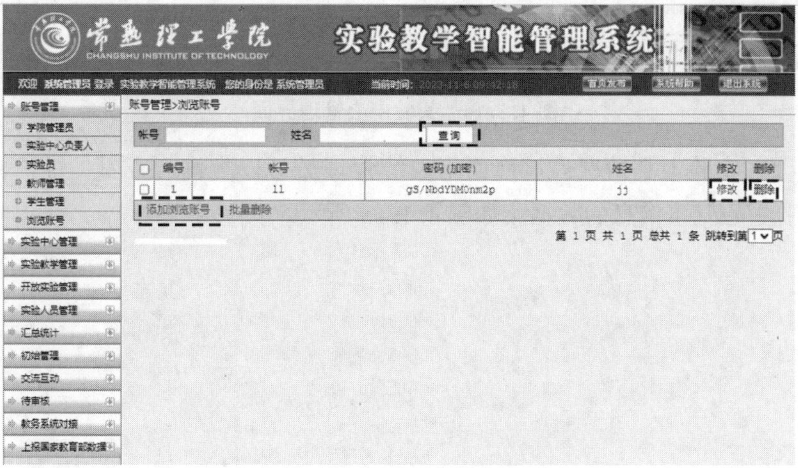

图 4.1.13　浏览账号管理界面

4.1.2 实验中心管理

该模块可以对实验中心的相关情况进行管理。

（1）实验中心管理：该界面下系统管理员只能审核实验中心和查看下属实验室，不能添加、修改、删除实验中心，如图 4.1.14 所示。

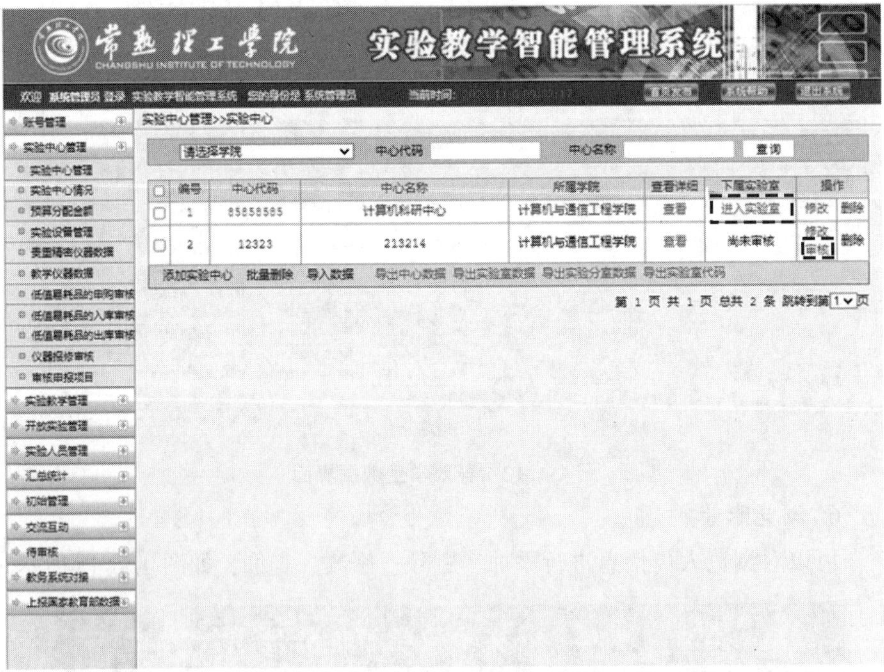

图 4.1.14 实验中心管理界面

（2）实验中心情况：该界面下系统管理员可以查询、查看、维护、删除实验中心基本信息的数据，如图 4.1.15 所示。

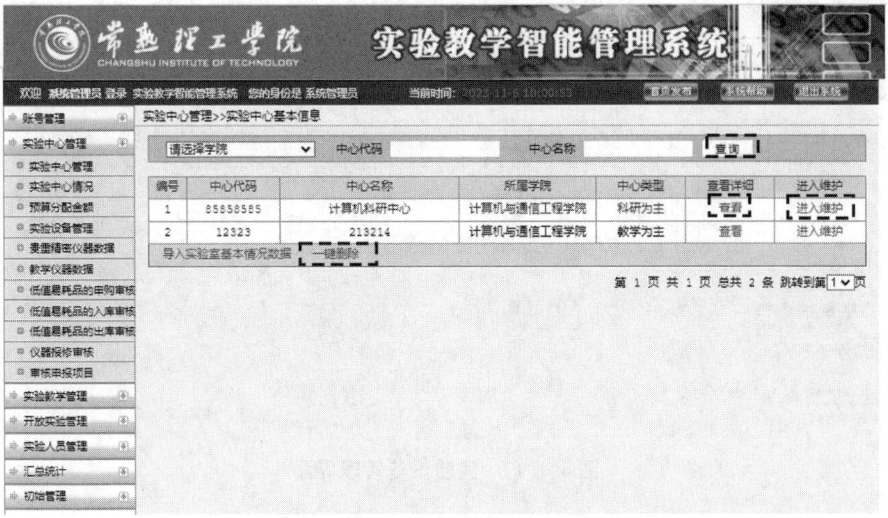

图 4.1.15　实验中心基本信息管理界面

（3）预算分配金额：该界面下系统管理员可以设置预算分配金额，如图 4.1.16 所示。

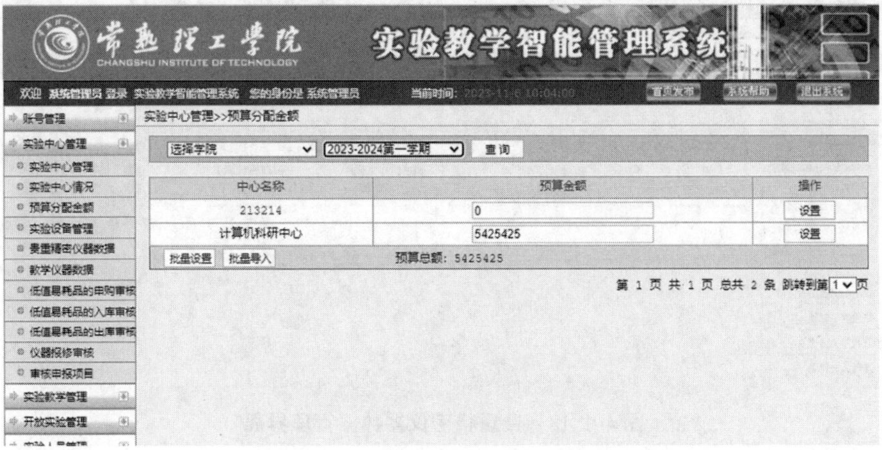

图 4.1.16　设置预算分配金额界面

（4）实验设备管理：该界面下系统管理员可以添加、修改、删除、查询实验设备，如图 4.1.17 所示。

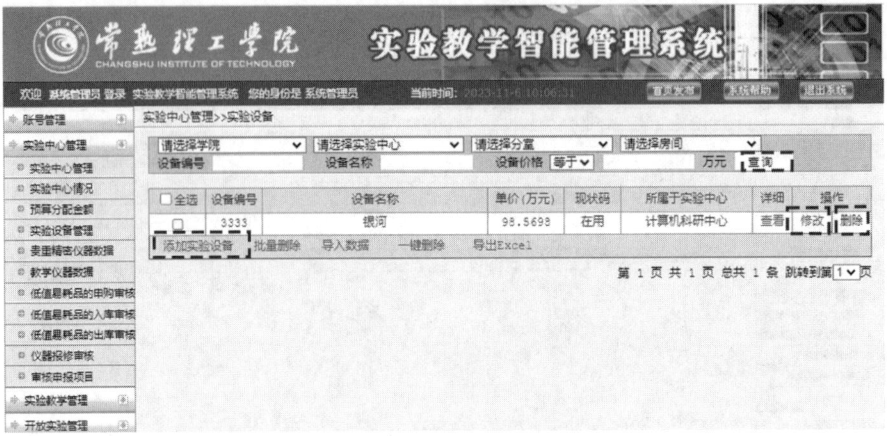

图 4.1.17　实验设备管理界面

(5) 贵重精密仪器数据：该界面下系统管理员可以管理单价在 40 万元以上的设备，如图 4.1.18 所示。

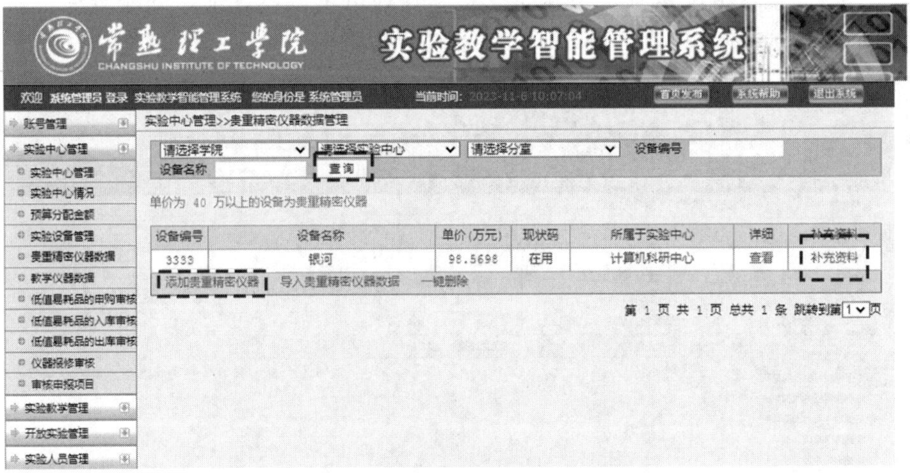

图 4.1.18　贵重精密仪器数据管理界面

(6) 教学仪器数据：该界面下系统管理员可以查询教学仪器（图 4.1.19）；单击“进入维护”按钮，可以填写操作步骤等信息（图 4.1.20）。

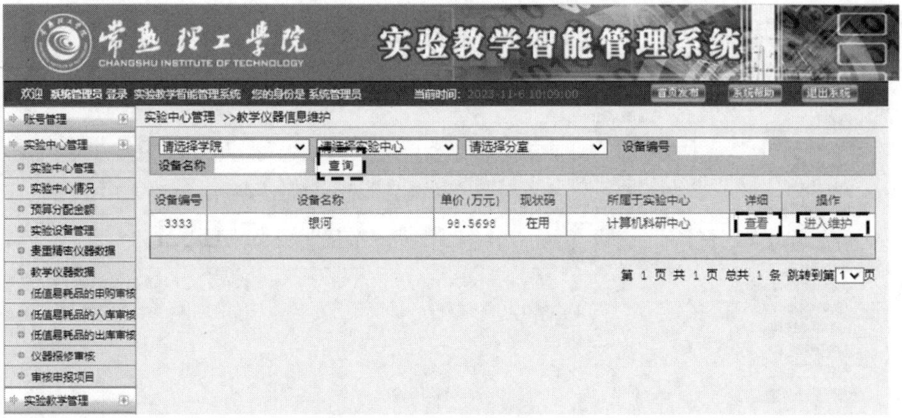

图 4.1.19　教学仪器查询界面

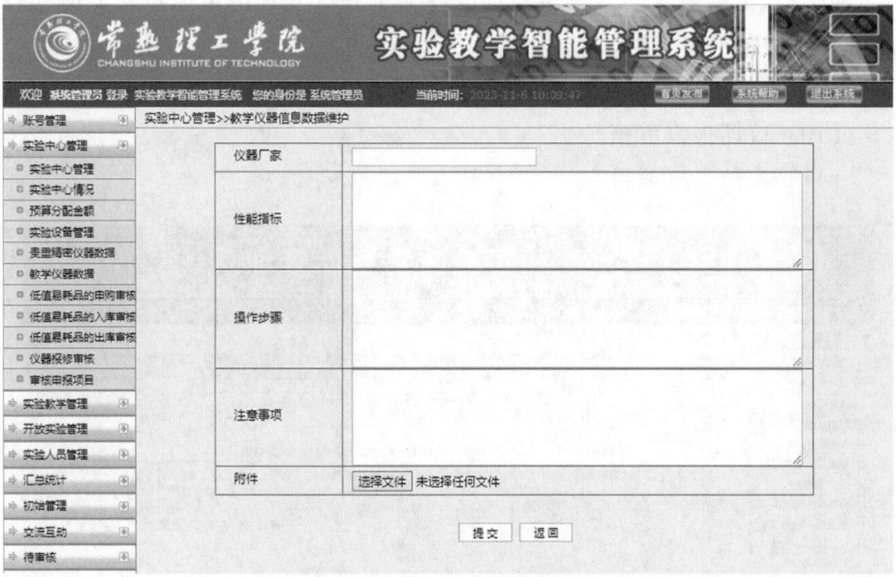

图 4.1.20　教学仪器信息数据维护界面

（7）低值易耗品的申购审核：该界面下系统管理员可以审核低值易耗品的申购信息，如图 4.1.21 所示。

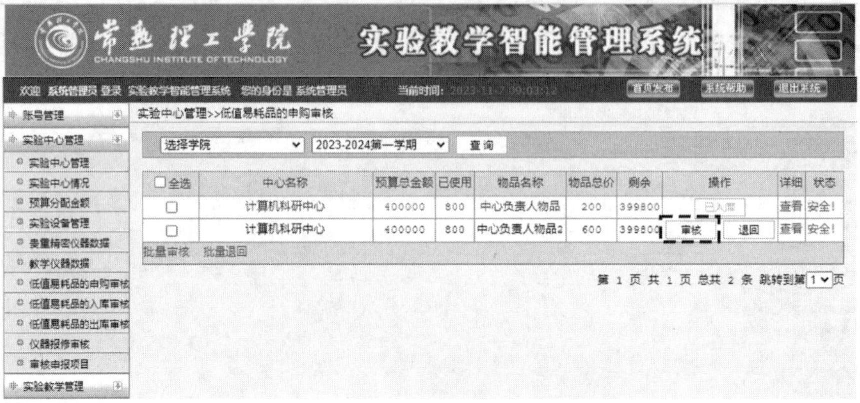

图 4.1.21　低值易耗品的申购审核界面

（8）低值易耗品的入库审核：该界面下系统管理员可以审核低值易耗品的入库情况，如图 4.1.22 所示。

（9）低值易耗品的出库审核。

（10）仪器报修审核。

（11）审核申报项目。

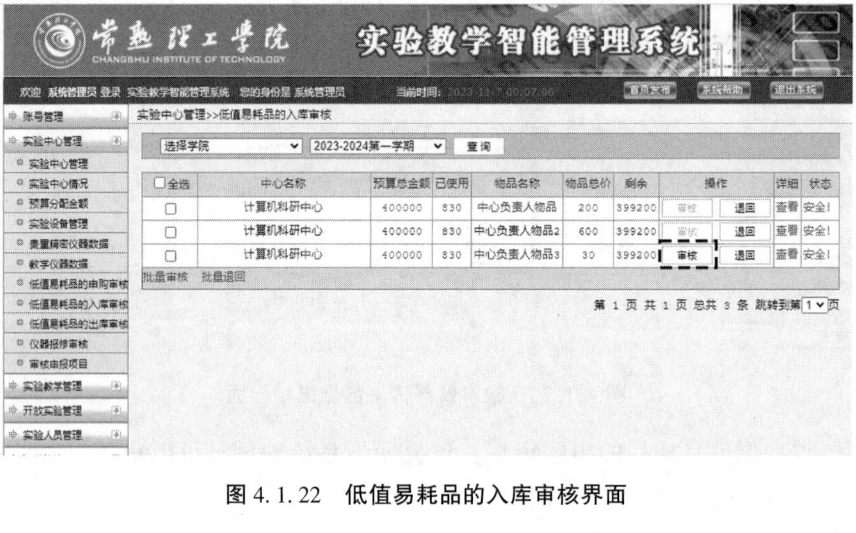

图 4.1.22　低值易耗品的入库审核界面

4.1.3　实验教学管理

该模块可以对实验教学的相关内容进行管理。

(1) 实验课程库：该界面下系统管理员可以添加、修改、删除、查询实验课，如图 4. 1. 23 所示。

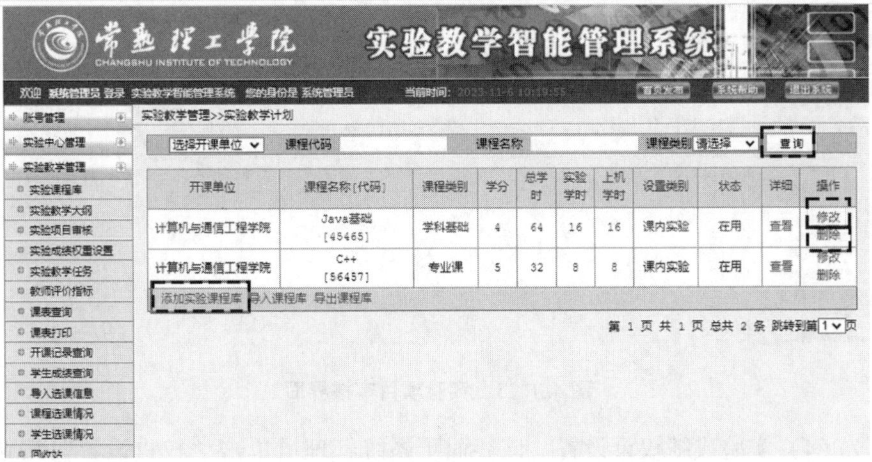

图 4. 1. 23 实验课程库管理界面

(2) 实验教学大纲：该界面下系统管理员可以查看已开的实验课，单击“进入列表”按钮，还可查看该实验课下的实验项目，如图 4. 1. 24 所示。

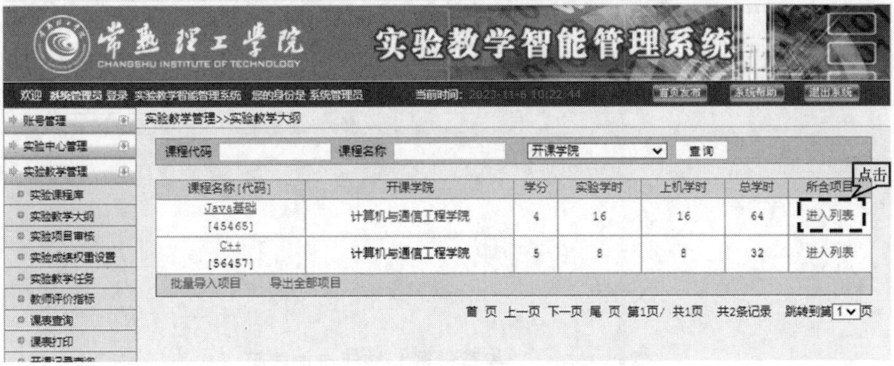

图 4. 1. 24 实验教学大纲管理界面

(3) 实验项目审核：该界面下系统管理员可以审核学院通过的实验项目，如图 4. 1. 25 所示。

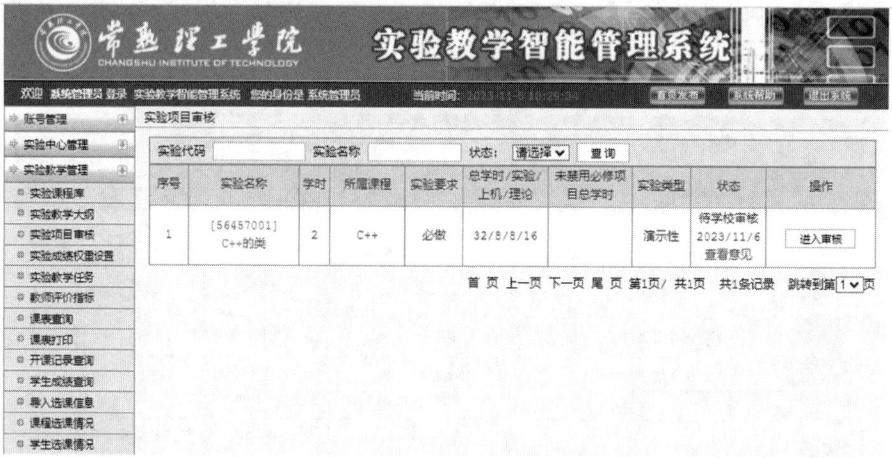

图 4.1.25　实验项目审核界面

（4）实验成绩权重设置：该界面下系统管理员单击“权重设置”按钮（图 4.1.26），可以设置某门课程的某个实验的分数权重（图 4.1.27）。

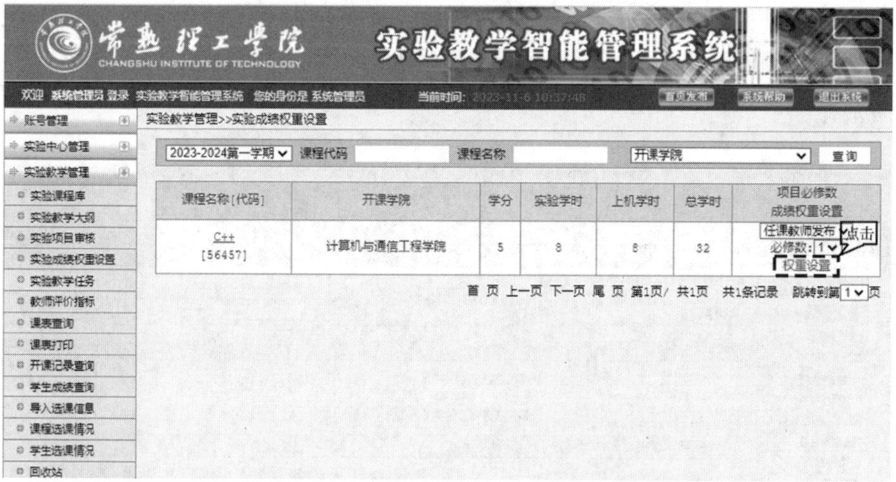

图 4.1.26　“权重设置”按钮点击界面

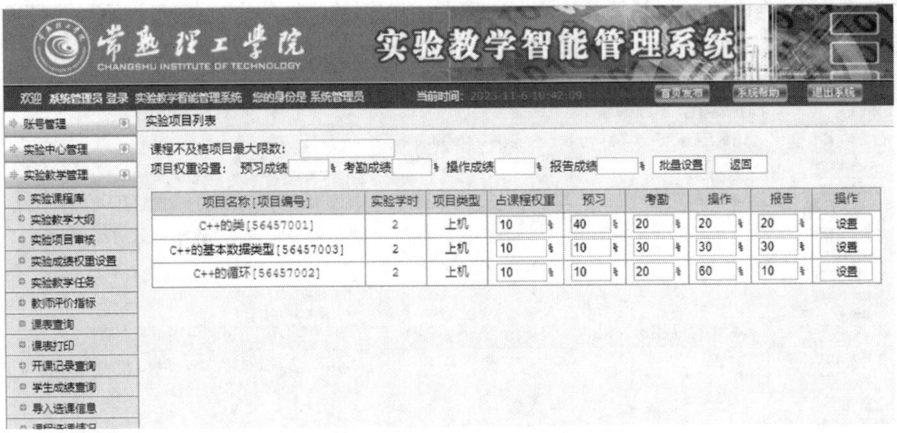

图 4.1.27　权重设置界面

（5）实验教学任务：该界面下系统管理员可以设置上课的教师，以及添加教学任务，如图 4.1.28 所示。

注意：只有为课程添加教学任务，上该门课的教师才能申报实验项目。

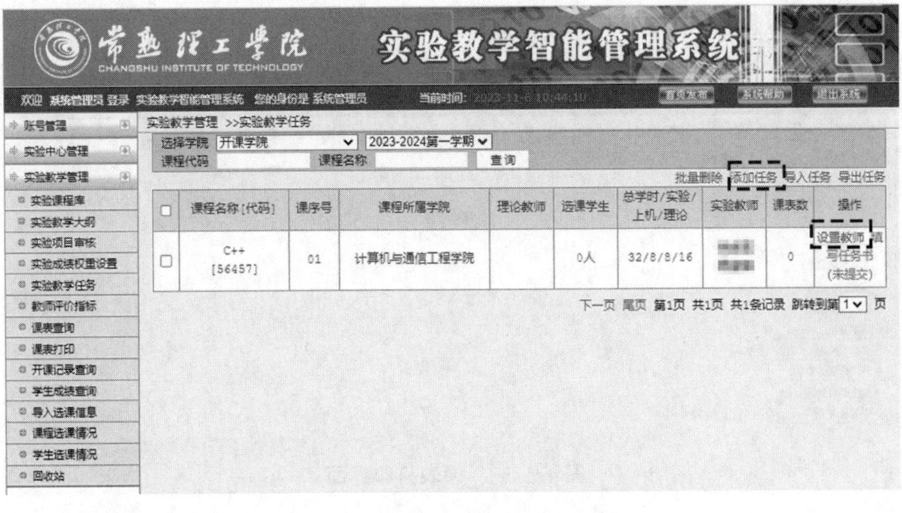

图 4.1.28　实验教学任务管理界面

（6）教师评价指标：该界面下系统管理员可以设置教师评价指标。

（7）课表查询：该界面下系统管理员可以查询课表，如图 4.1.29 所示。

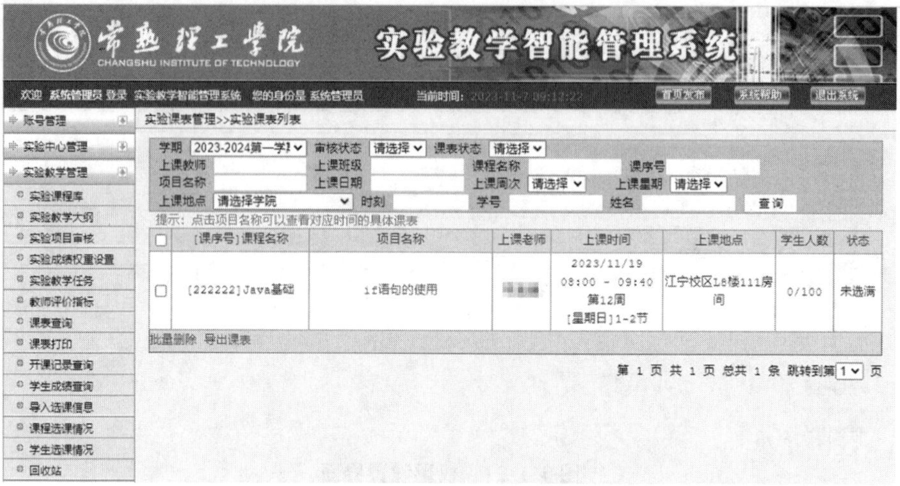

图 4.1.29 课表查询界面

（8）课表打印：该界面下系统管理员可以打印实验室的课表，如图 4.1.30 所示。

图 4.1.30 课表打印界面

（9）开课记录查询：该界面下系统管理员可以查询开课记录，如图 4.1.31 所示。

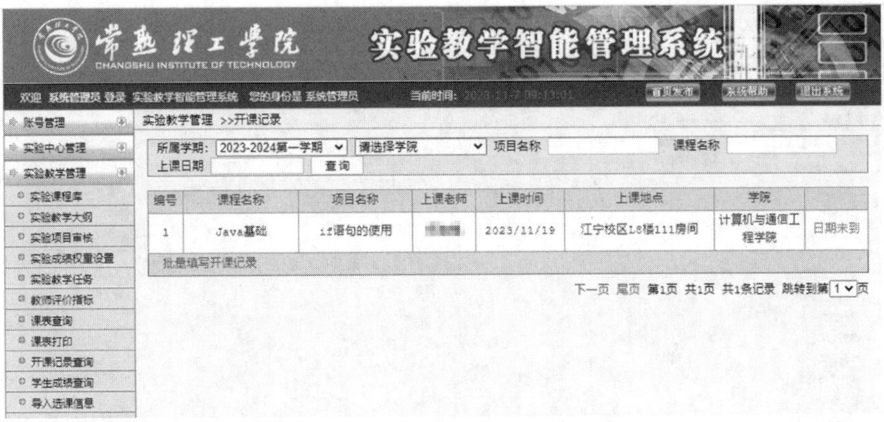

图 4. 1. 31　开课记录查询界面

（10）学生成绩查询：该界面下系统管理员可以查看学生每门课的成绩，如图 4. 1. 32 所示。

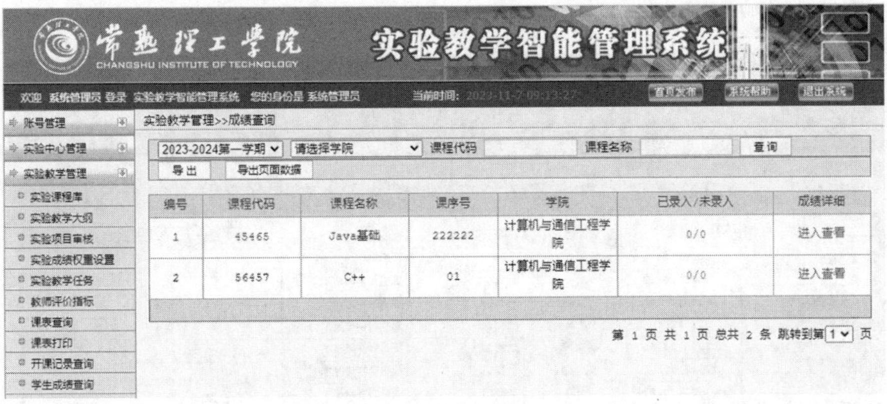

图 4. 1. 32　学生成绩查询界面

（11）导入选课信息：该界面下系统管理员可以导入教务选课信息。

（12）课程选课情况：该界面下系统管理员可以查看每门课的选课情况，如图 4. 1. 33 所示。

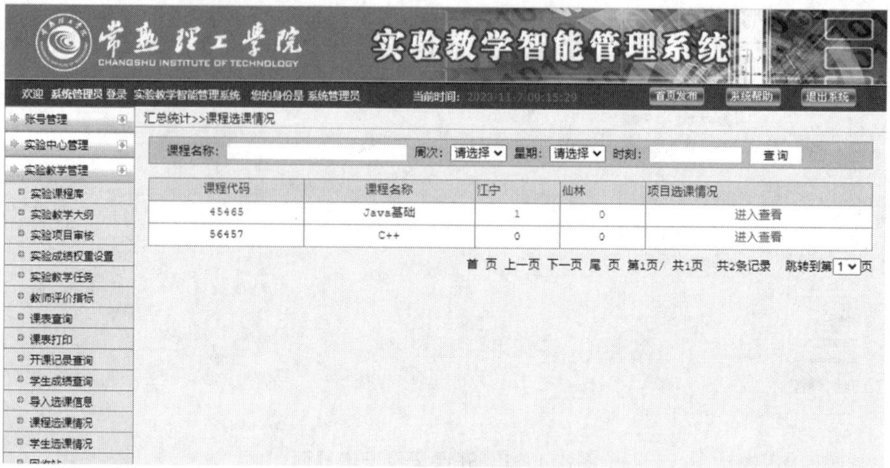

图 4. 1. 33　课程选课情况查看界面

（13）学生选课情况：该界面下系统管理员可以查看学生的选课情况，如图 4. 1. 34 所示。

图 4. 1. 34　学生选课情况查看界面

（14）回收站。

4.1.4　开放实验管理

（1）时间设置：该界面下系统管理员可以设置相关时间，如图 4.1.35 所示。

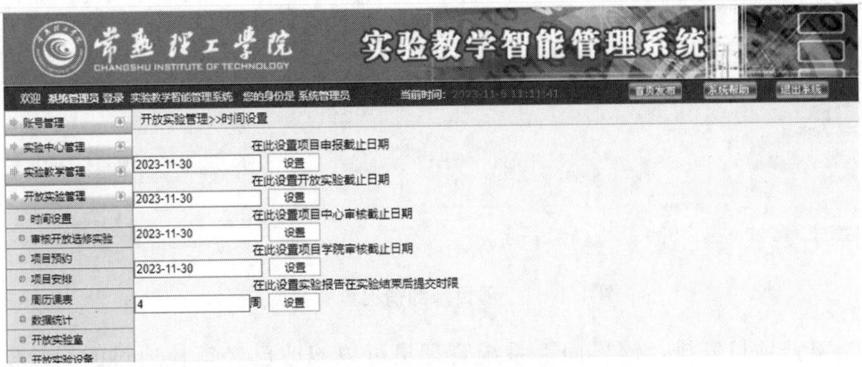

图 4.1.35　时间设置界面

（2）审核开放选修实验：该界面下系统管理员可以审核开放实验项目，如图 4.1.36 所示。

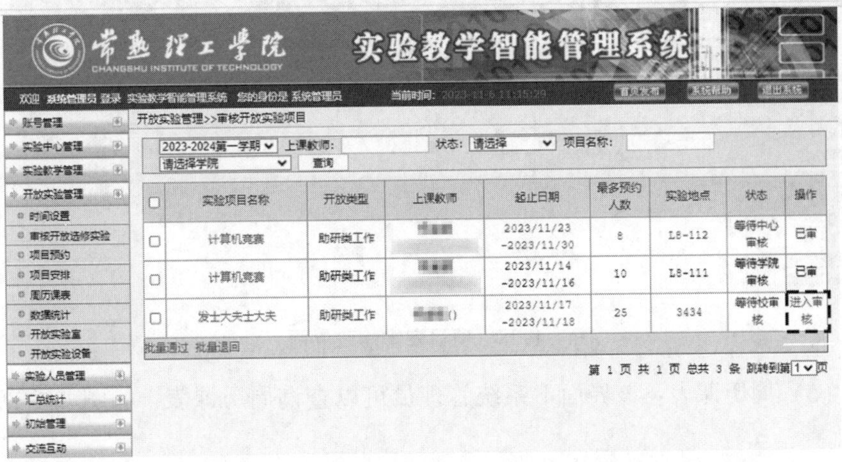

图 4.1.36　审核开放实验项目管理界面

（3）项目预约：该界面下系统管理员可以查看预约的项目情况，如图 4.1.37 所示。

图 4.1.37　项目预约情况查看界面

（4）项目安排：该界面下系统管理员可以修改已经审核通过的开放实验项目，如图 4.1.38 所示。

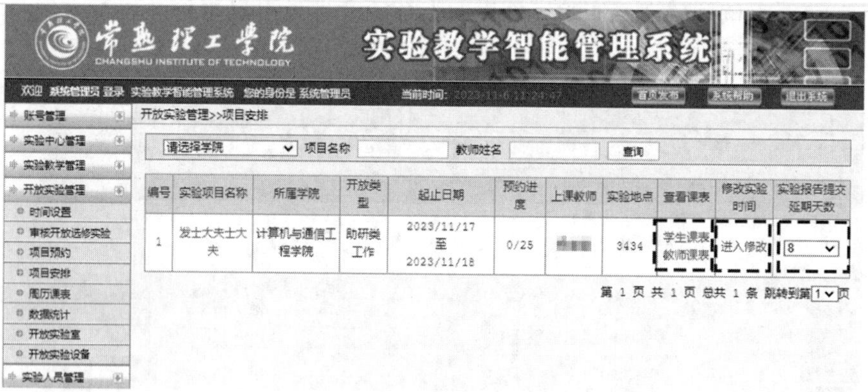

图 4.1.38　项目安排修改界面

（5）周历课表：该界面下系统管理员可以查询周历课表，如图 4.1.39 所示。

图 4.1.39　周历课表查询界面

（6）数据统计：该界面下系统管理员可以查看教师工作量统计情况，如图 4.1.40 所示。

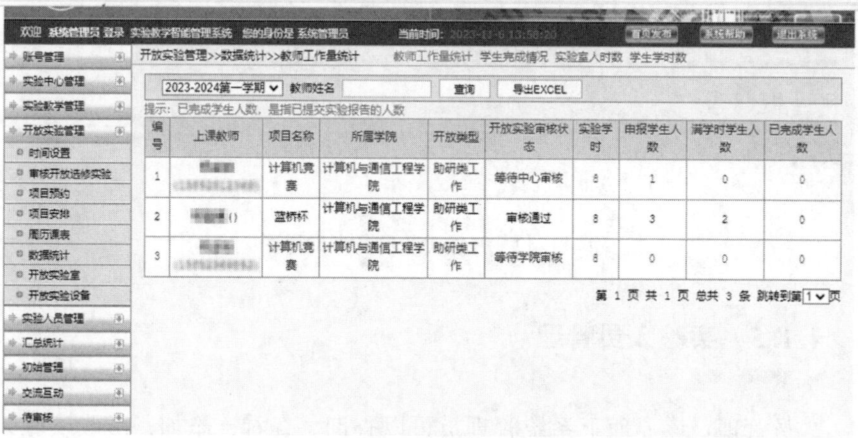

图 4.1.40　教师工作量统计查询界面

（7）开放实验室：该界面下系统管理员可以查看开放实验室的预约情

况，如图 4.1.41 所示。

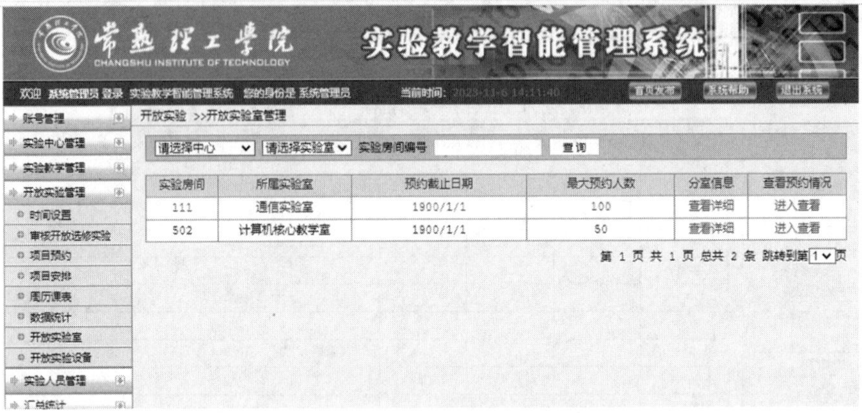

图 4.1.41　开放实验室预约查询界面

（8）开放实验设备：该界面下系统管理员可以查看开放实验设备的预约情况，如图 4.1.42 所示。

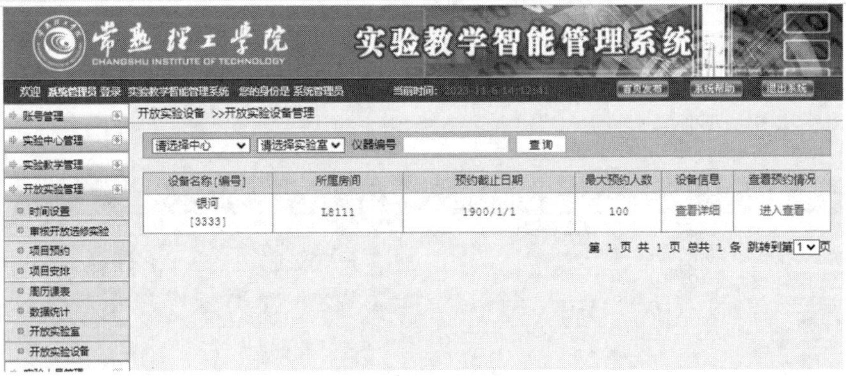

图 4.1.42　开放实验设备查询界面

4.1.5　实验人员管理

人员管理：该界面下系统管理员可以查询、查看、添加、修改实验人员信息，如图 4.1.43 所示。

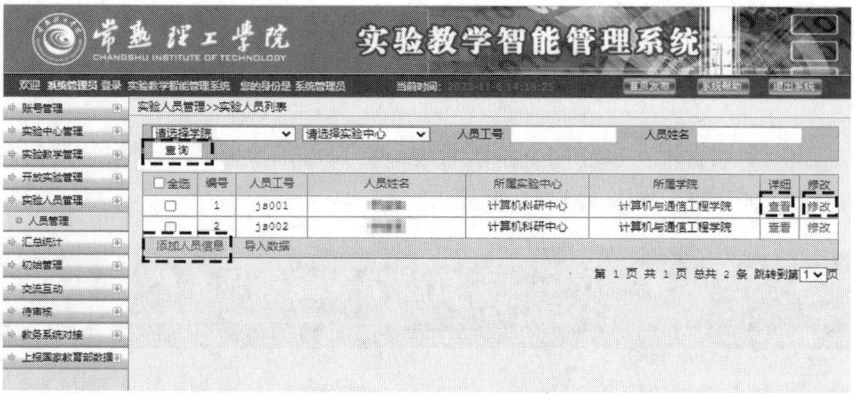

图 4.1.43　实验人员管理界面

4.1.6　汇总统计

该模块用于汇总统计相关数据，包含实验开课课时、刷卡信息、实验教学工作量、人时数、周历课表、实验室用时、选课学生等相关内容的数据统计。图 4.1.44 呈现的是人时数统计情况。

学院	中心名称	实验室数	分室数	人时数
教务处	"双创+"融合中心	3	3	0
汽车工程学院	材料加工实验中心	16	16	43110
材料工程学院	材料科学与工程实验中心	6	6	2117
纺织服装与设计学院	创新设计实验中心	33	33	52846
计算机科学与工程学院	创新实践中心	6	6	0
外国语学院	大学外语教学研究中心（东湖校区）	11	0	0
外国语学院	大学外语教学研究中心（东南校区）	8	0	0
电气与自动化工程学院	电工电子实训中心	7	7	28061
电子信息工程学院	电工电子实验教学中心	12	12	28632
商学院	电商产业学院	14	14	2452
电子信息工程学院	电子创新平台实验中心	20	20	30483
电子信息工程学院	电子设计与检测实验中心	14	14	630
电子信息工程学院	电子信息技术实验中心	12	12	13484
电气与自动化工程学院	电子与电路实验中心	3	3	22319
纺织服装与设计学院	纺织服装产教融合创新实验基地	10	10	5454
材料工程学院	功能材料实验中心	7	7	1940
电子信息工程学院	光电信息技术实验中心	14	14	11098
材料工程学院	化学基础实验教学中心	19	21	21448
机械工程学院	机械工程训练中心	9	9	56690
生物与食品工程学院	基础生物学实验教学中心	27	27	33190

图 4.1.44　人时数统计界面

4.1.7 初始管理

（1）学期管理：该界面下系统管理员可以添加、修改、删除学期信息，并设置当前学期，如图 4.1.45 所示。

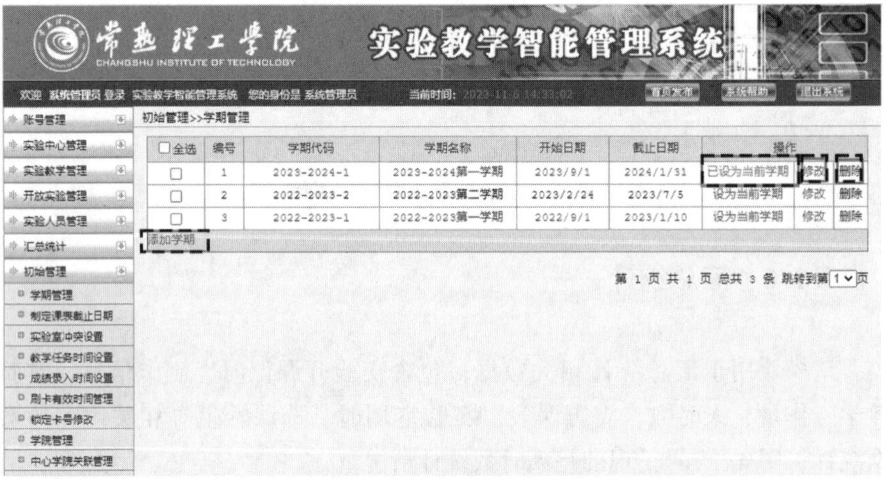

图 4.1.45　学期管理界面

（2）制定课表截止日期：该界面下系统管理员可以设置制定课表截止日期，如图 4.1.46 所示。

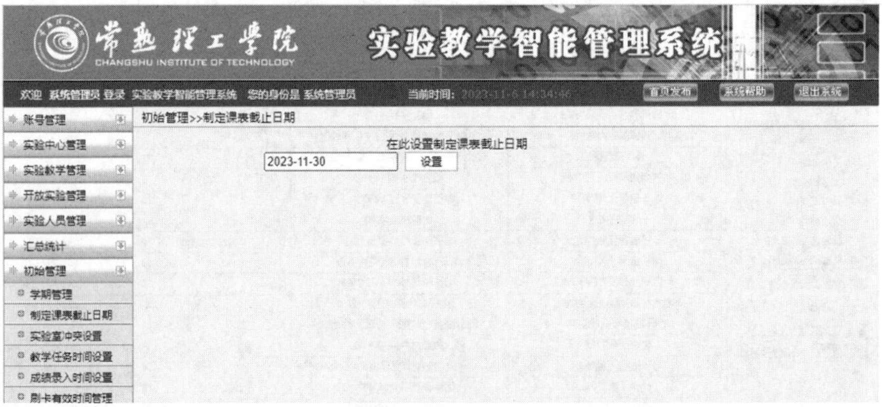

图 4.1.46　制定课表截止日期设置界面

（3）实验室冲突设置：该界面下系统管理员可以设置“同一时间一个老师允许的最多实验个数”，如图 4. 1. 47 所示。

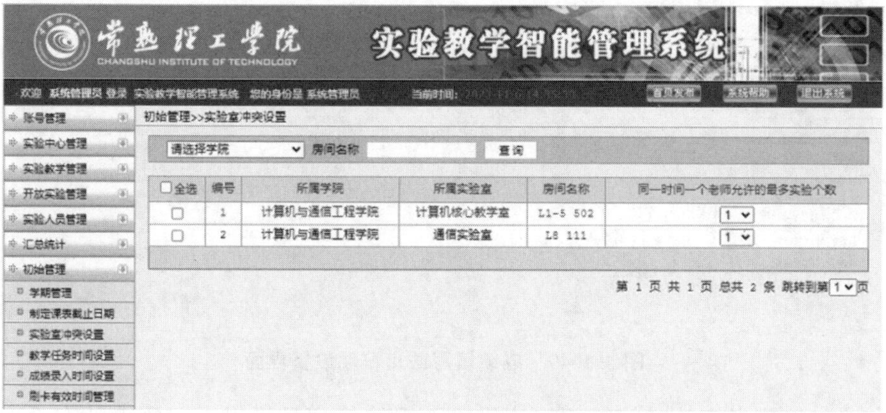

图 4. 1. 47　实验室冲突设置界面

（4）教学任务时间设置：该界面下系统管理员可以设置教学任务填写截止日期，如图 4. 1. 48 所示。

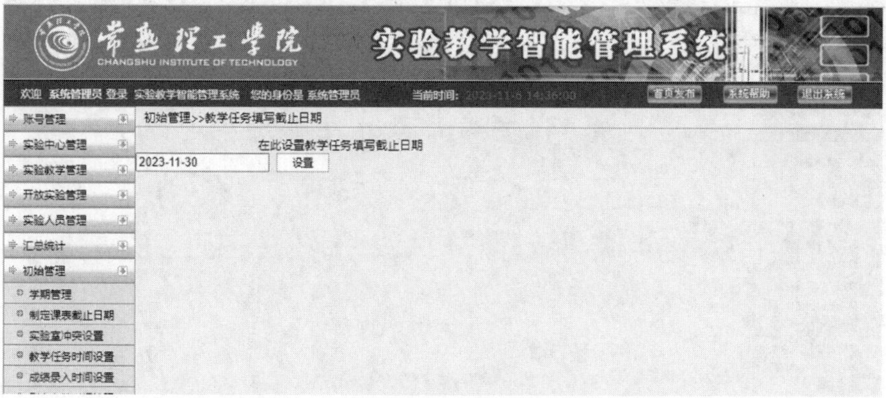

图 4. 1. 48　教学任务填写截止日期设置界面

（5）成绩录入时间设置：该界面下系统管理员可以设置成绩填写截止日期，如图 4. 1. 49 所示。

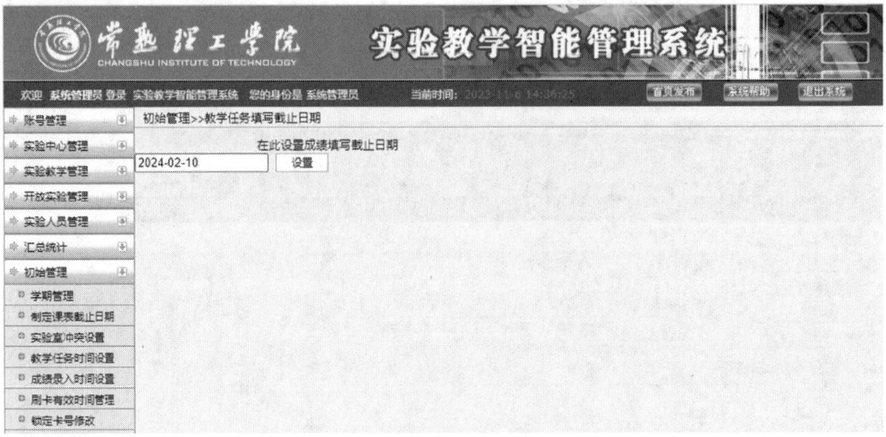

图 4.1.49　成绩填写截止日期设置界面

（6）刷卡有效时间管理：该界面下系统管理员可以设置刷卡的有效时间，如图 4.1.50 所示。

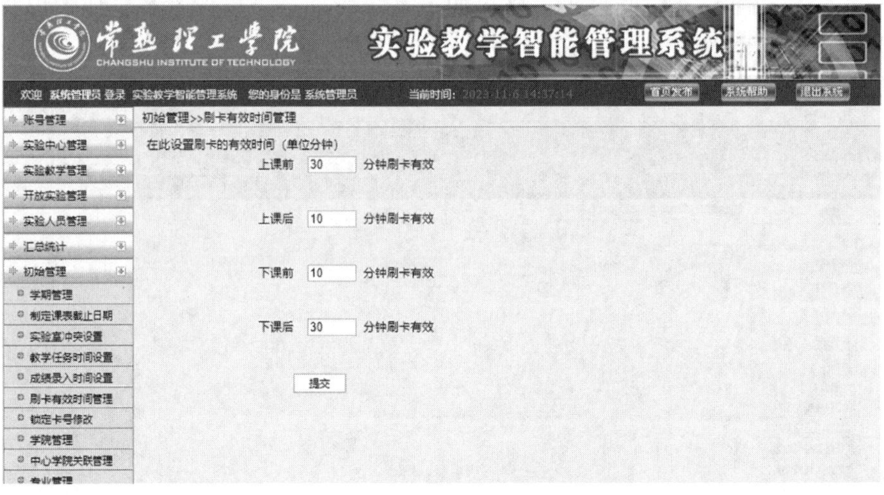

图 4.1.50　刷卡有效时间管理界面

（7）锁定卡号修改：当界面处于不可修改状态时，单击“设置”按钮，变成可修改状态，此时学生、教师可以修改自己的卡号，如图 4.1.51 所示。

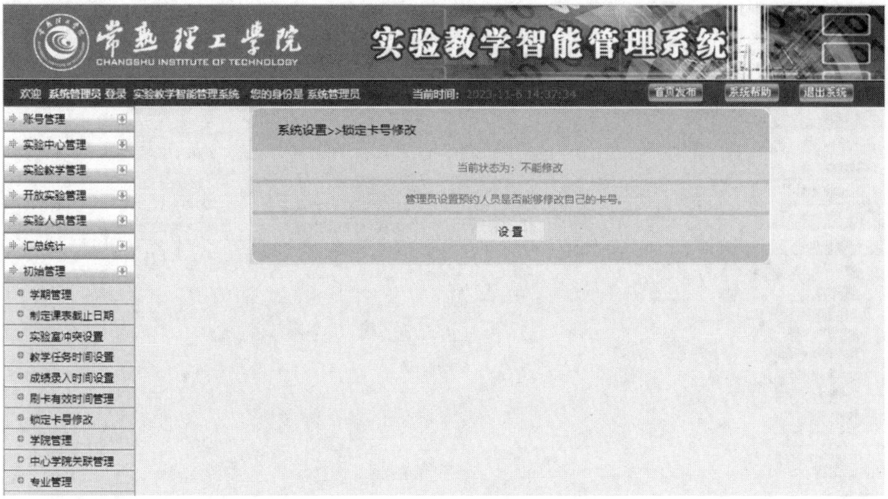

图 4.1.51　锁定卡号修改界面

（8）学院管理：该界面下系统管理员可以查询、修改、添加、删除学院信息，如图 4.1.52 所示。

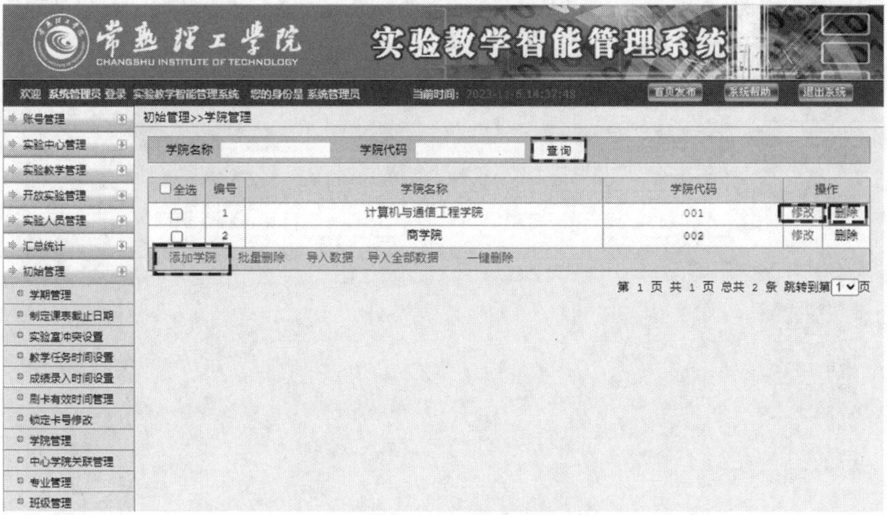

图 4.1.52　学院管理界面

（9）中心学院关联管理：该界面下系统管理员可以设置某实验中心属于某学院，如图 4.1.53 所示。

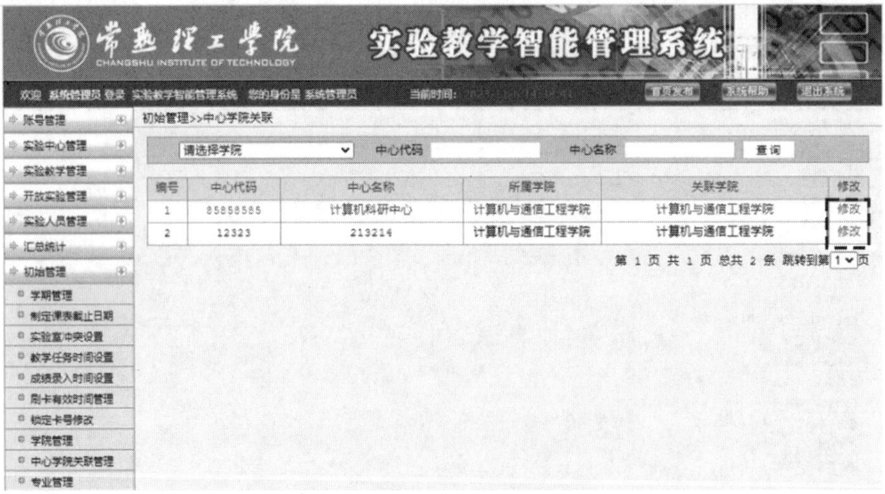

图 4.1.53　**中心学院关联界面**

（10）专业管理：该界面下系统管理员可以添加、删除、修改、查询专业信息，如图 4.1.54 所示。

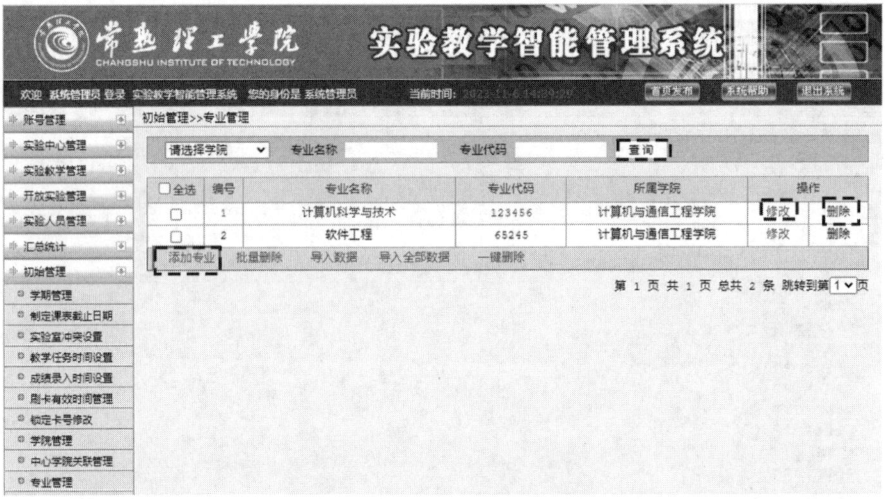

图 4.1.54　**专业管理界面**

（11）班级管理：该界面下系统管理员可以添加、删除、修改、查询班级信息，如图 4.1.55 所示。

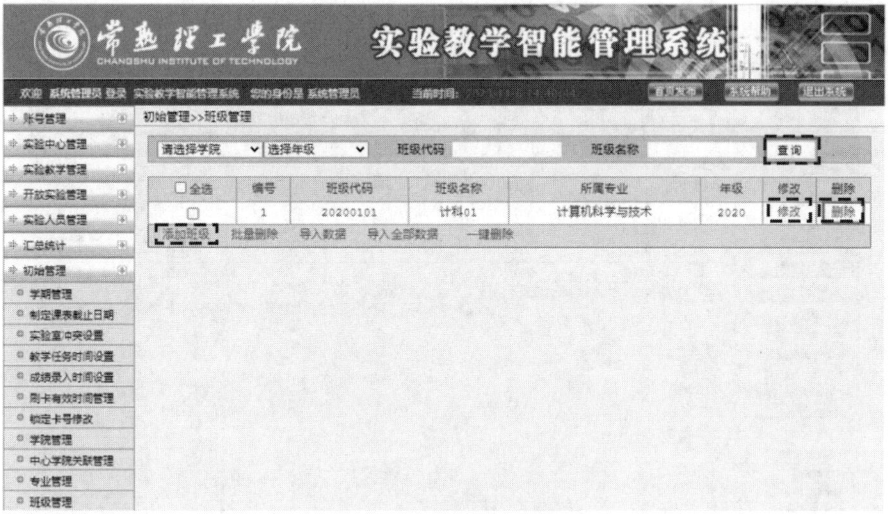

图 4.1.55　班级管理界面

（12）校区管理：该界面下系统管理员可以添加、删除、修改校区信息，如图 4.1.56 所示。

注意：校区必须提前设置，否则实验房间无法添加。

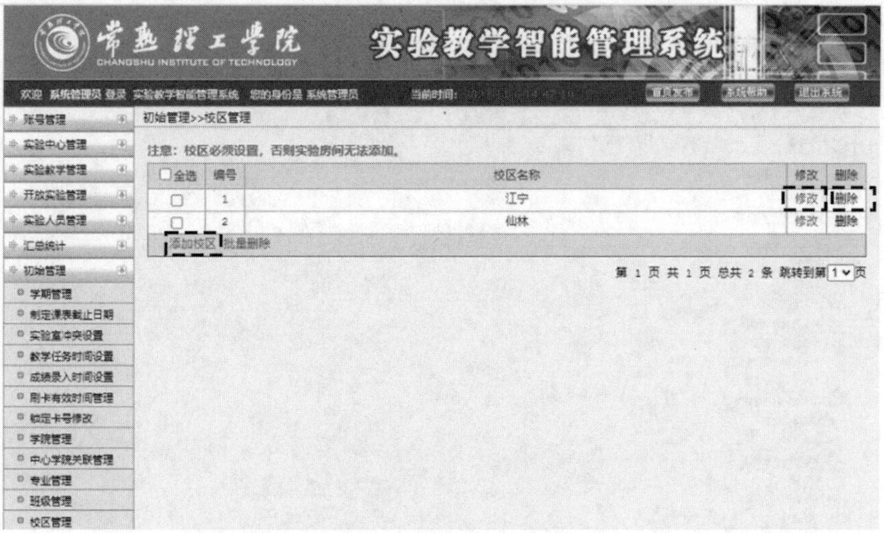

图 4.1.56　校区管理界面

（13）数据字典配置：该界面下系统管理员可以查询、修改、删除、添加数据字典，以及查看数据子集，如图 4. 1. 57 所示。

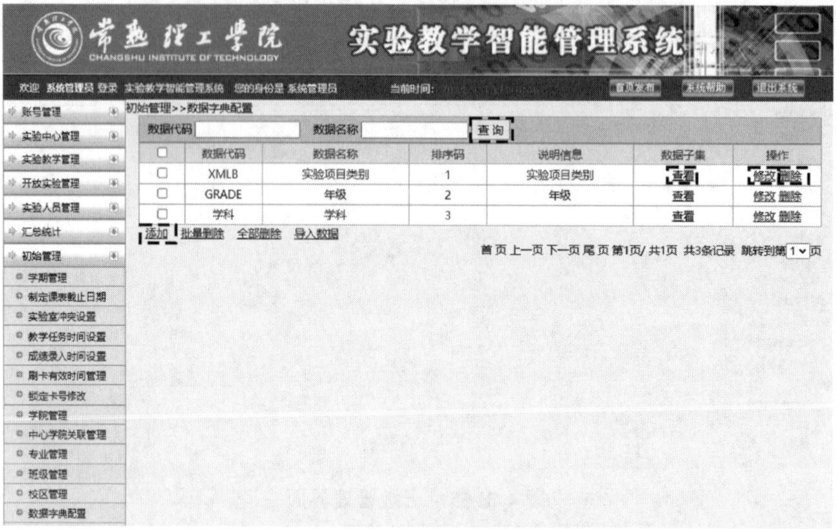

图 4. 1. 57　数据字典配置界面

（14）仪器价格设置：该界面下系统管理员可以设置校规定的贵重精密仪器、大型仪器价格，如图 4. 1. 58 所示。

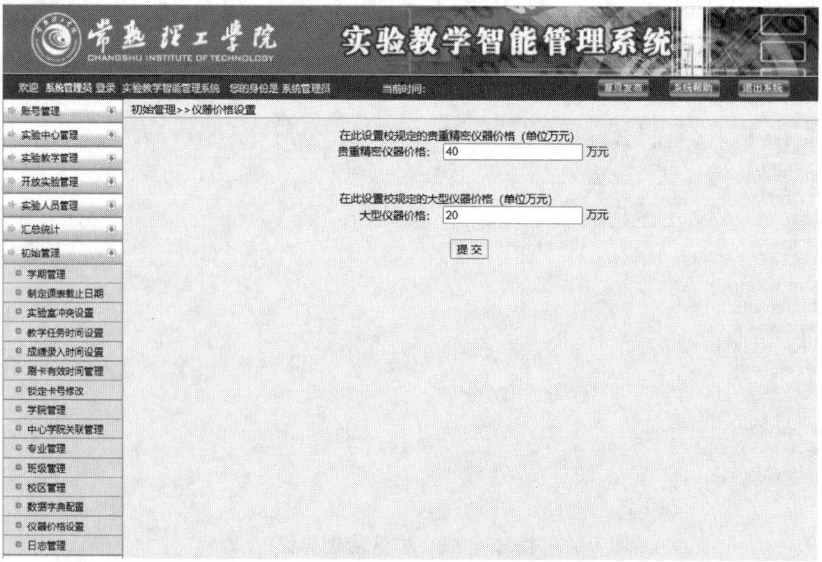

图 4. 1. 58　仪器价格设置界面

（15）日志管理：该界面下系统管理员可以查看日志内容，如图 4. 1. 59 所示。

图 4. 1. 59　日志管理界面

4. 1. 8　交流互动

系统管理员可以通过收件箱、发件箱与系统中的教师、学生进行交流，及时解决教师和学生在使用系统中遇到的问题，满足其需求，如图 4. 1. 60 所示。

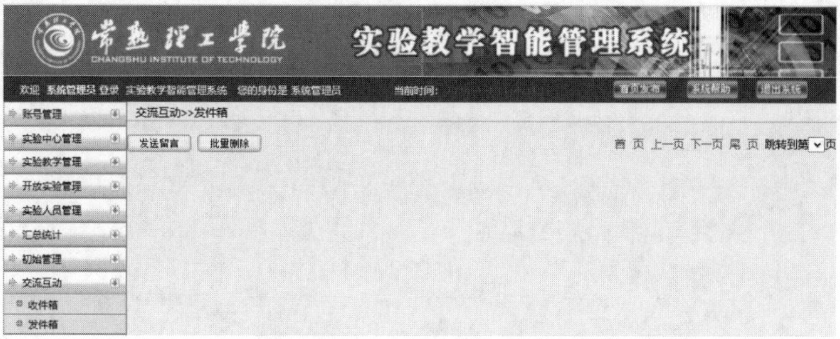

图 4. 1. 60　交流互动界面

4.2 教师模块

教师拥有“实验教学管理”“开放实验管理”“特殊情况处理”“系统管理”“交流互动”等权限。下面将就这几项权限进行逐一介绍。

4.2.1 实验教学管理

（1）题目分类列表。

（2）实验教学大纲：该界面下教师可以查看实验教学大纲，单击“进入列表”按钮，还可以查看课程下的实验项目，如图 4.2.1、图 4.2.2 所示。

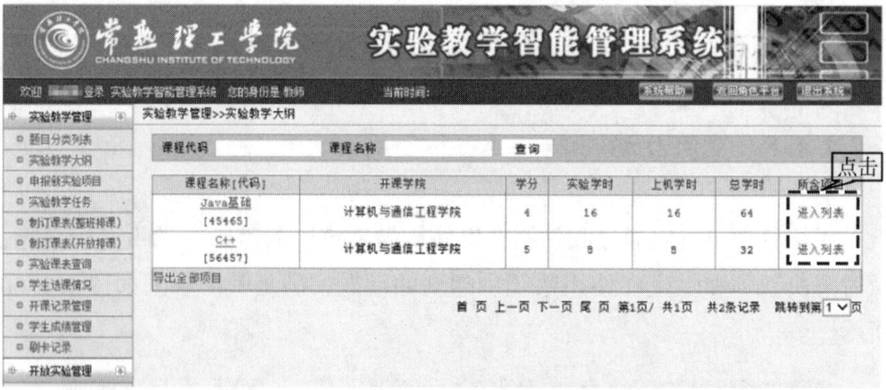

图 4.2.1　“进入列表”按钮点击界面

图 4.2.2　实验项目列表查询界面

（3）申报新实验项目：该界面下教师可以申报新实验项目，如图 4.2.3 所示。

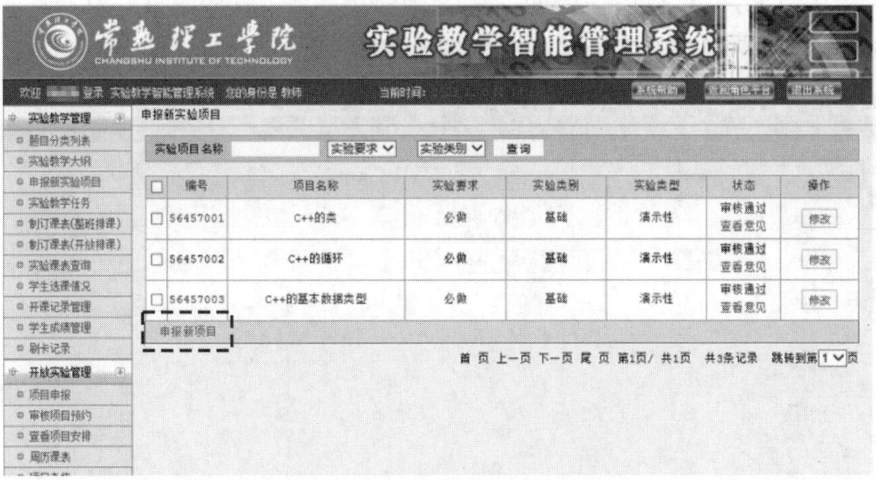

图 4.2.3　新实验项目申报界面

（4）实验教学任务：该界面下教师可以填写并提交任务书，如图 4.2.4 所示。

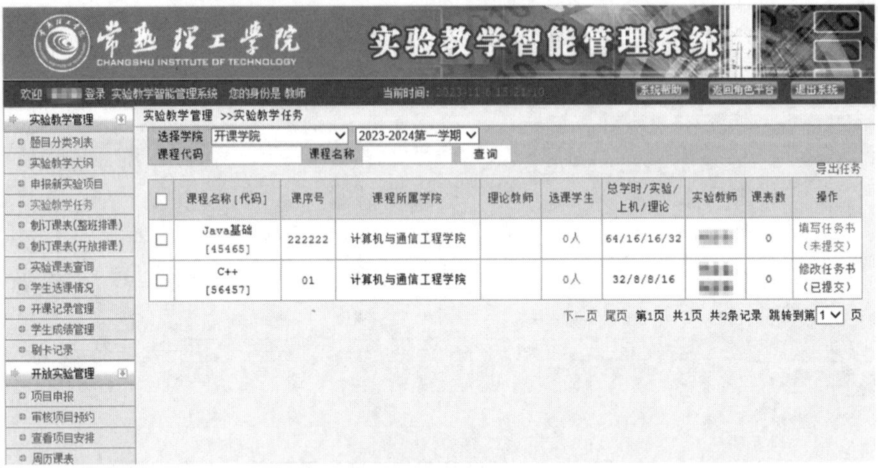

图 4.2.4　实验教学任务界面

（5）制订（定）课表（整班排课）：

① 单击“进入制定”按钮，进入课表制定界面，如图 4.2.5 所示。

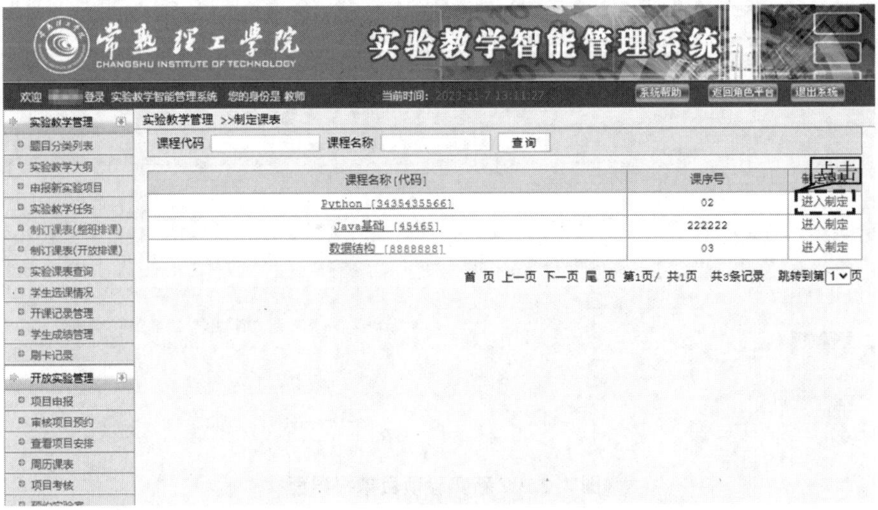

图 4.2.5　“进入制定”按钮点击界面

② 单击“进入确认”按钮，选择上课的学生，如图 4.2.6 所示。

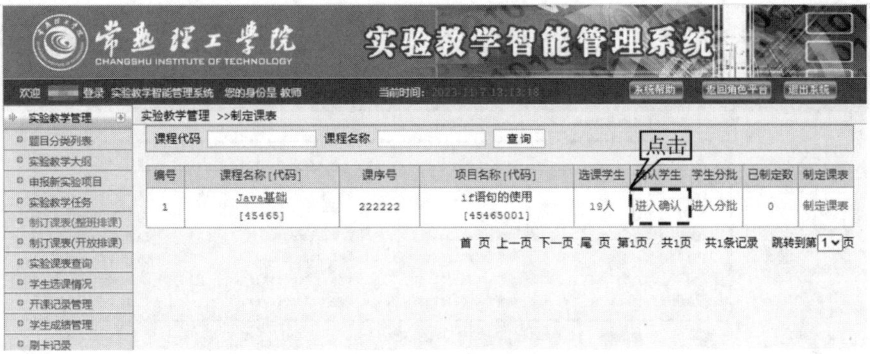

图 4.2.6　“进入确认”按钮点击界面

③ 单击“引用”按钮，即可选择上课的学生，如图 4.2.7 所示。

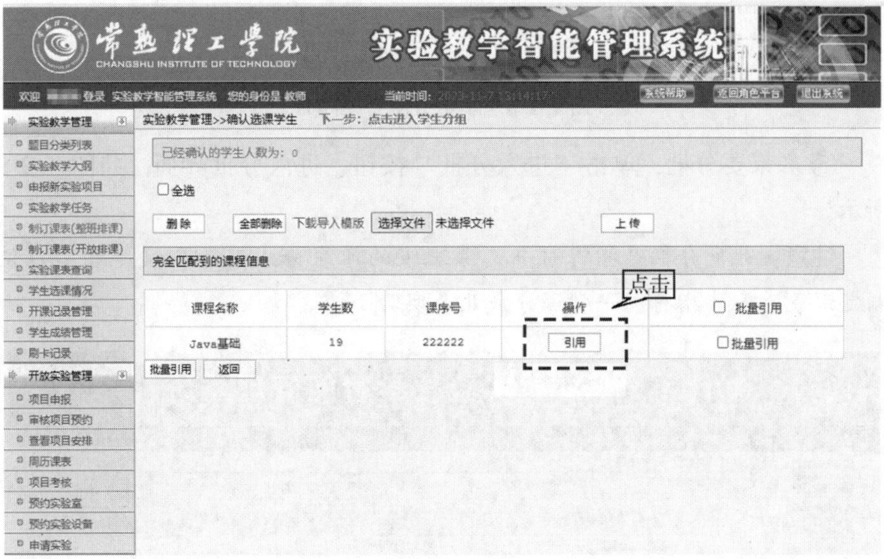

图 4.2.7　“引用”按钮点击界面

④ 学生引用完成，如图 4.2.8 所示。

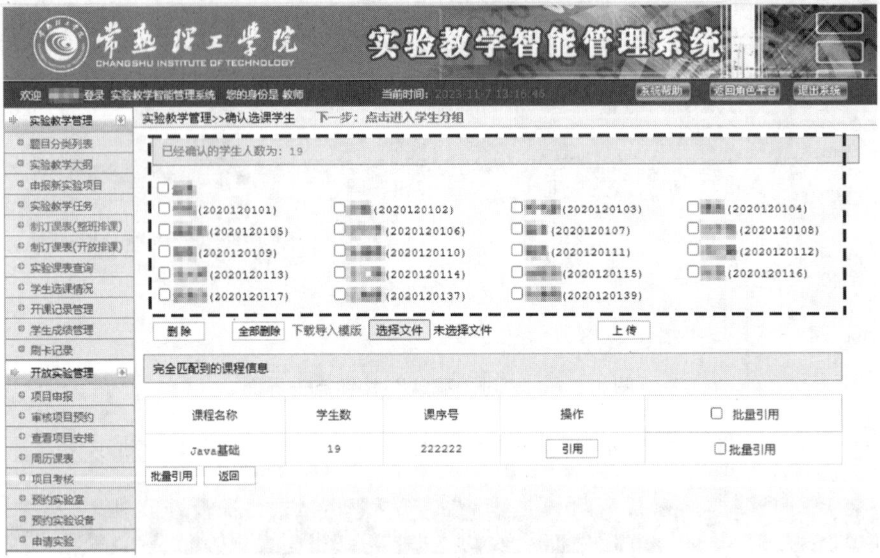

图 4.2.8　学生引用完成界面

⑤ 如果要分批，单击“进入分批”按钮，进入分批界面，如图 4.2.9 所示。

注意： 此处分批是指将同一选课班级的学生分成若干固定小组，以便制定课表，而非指将同一堂课分成几个实验小组。

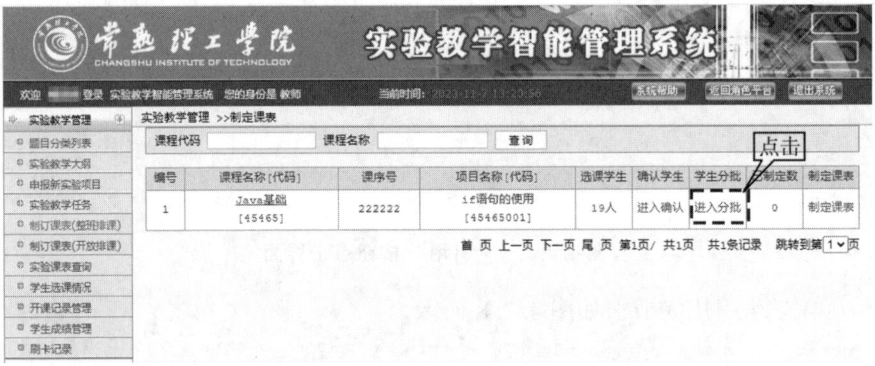

图 4.2.9　“进入分批”按钮点击界面

⑥ 输入分批数，选择学生，确认分批，如图 4.2.10 所示。

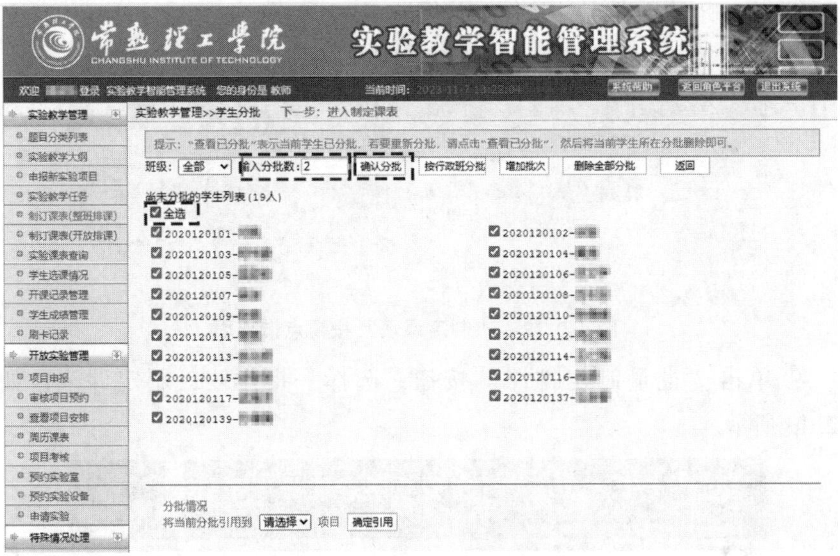

图 4. 2. 10　学生分批设置界面

⑦ 若要将学生分成两批设置，则如图 4. 2. 11 所示。

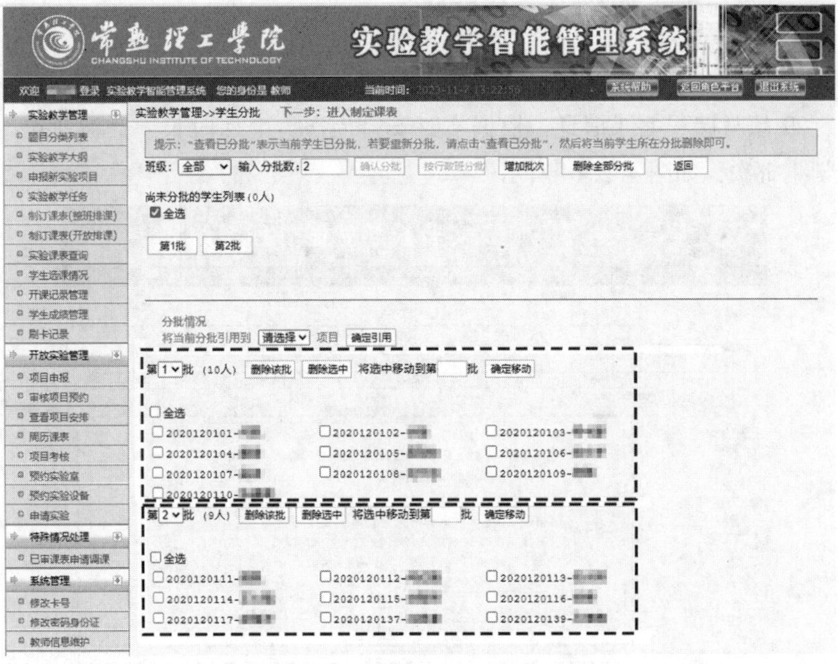

图 4. 2. 11　学生分两批设置界面

⑧ 单击“制定课表”按钮，如图 4. 2. 12 所示。

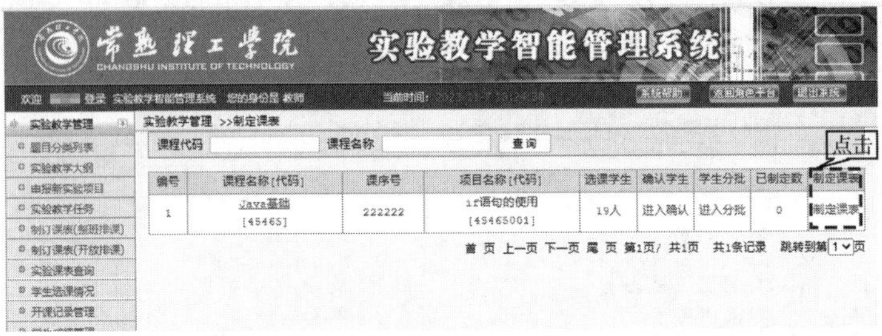

图 4. 2. 12　“制定课表”按钮点击界面

⑨ 单击“批量制定排课”按钮，选择一批学生，制定课表，如图 4. 2. 13 所示。

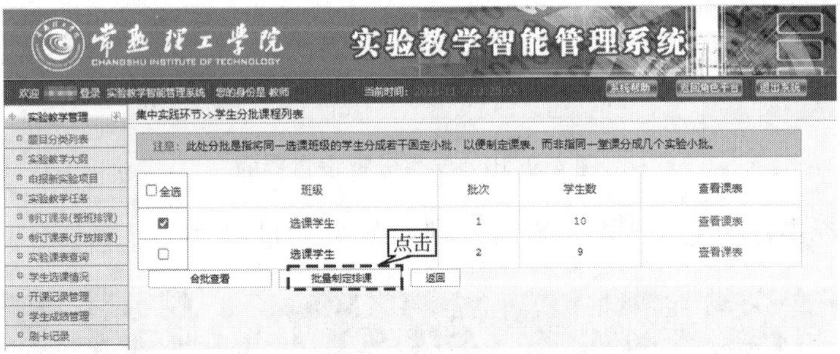

图 4. 2. 13　“批量制定排课”按钮点击界面

⑩ 填写课程上课信息，根据学时安排周次、上课时长、上课地点，选择学生批次，如图 4. 2. 14 所示。

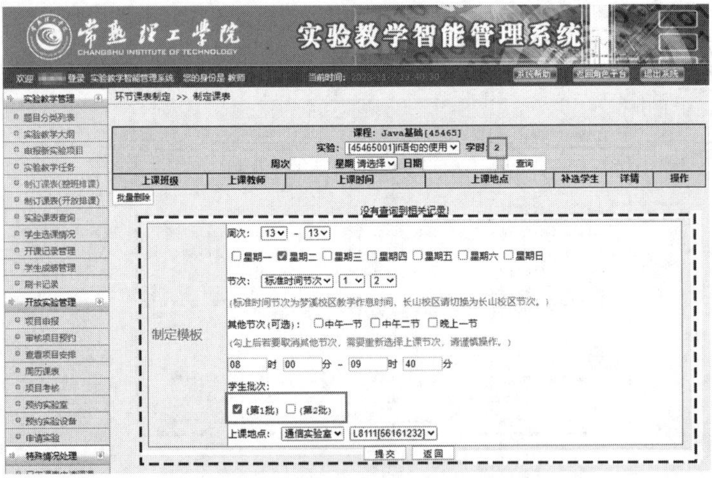

图 4. 2. 14　课程上课信息填写界面

⑪ 单击“提交”按钮后，第 1 批学生上该门课的时间就被安排好了，如图 4. 2. 15 所示。

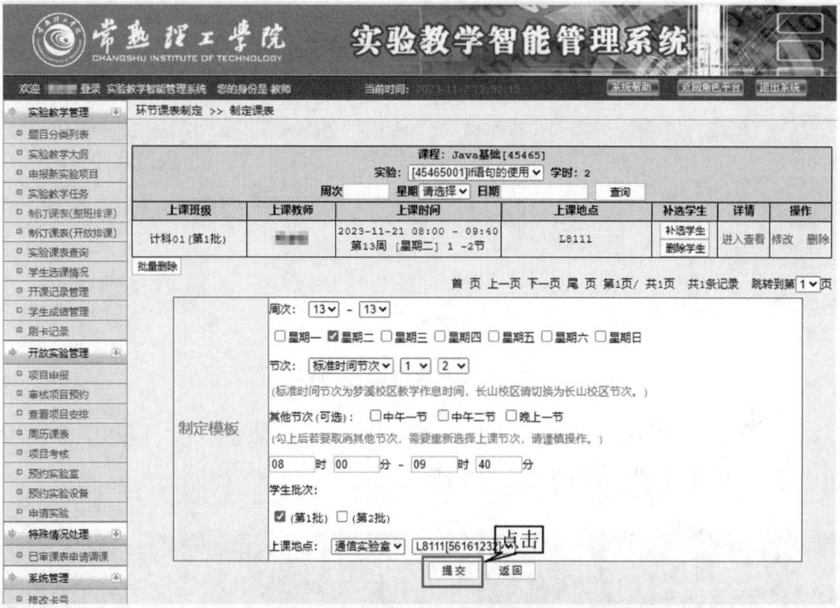

图 4. 2. 15　**“提交”按钮点击界面**

（6）制订（定）课表（开放排课）：该排课模式属于学生选课模式，学生需要选择才能上课。

① 单击“进入制定”按钮，进入排课界面，如图 4. 2. 16 所示。

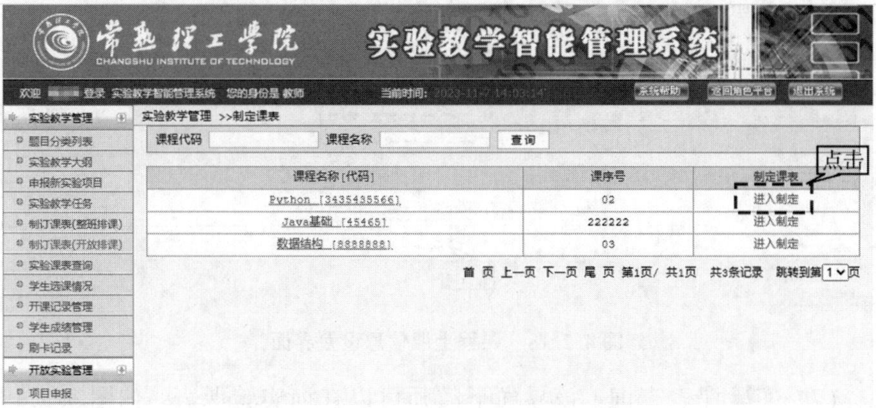

图 4. 2. 16　**“进入制定”按钮点击界面**

② 开启选课开关，单击“周次模板排课”按钮，如图 4. 2. 17 所示。

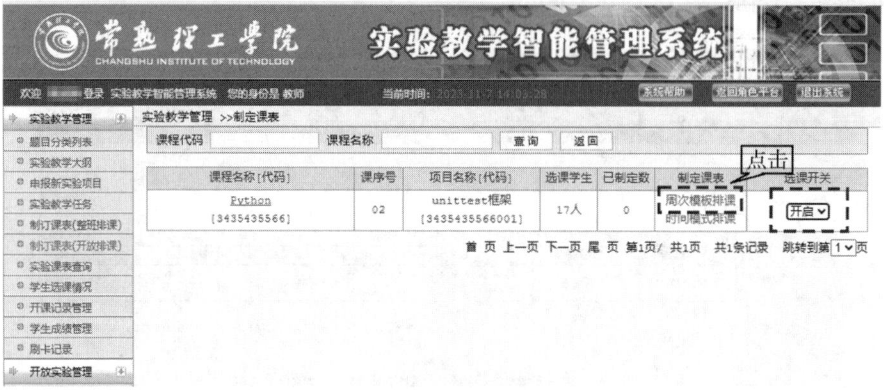

图 4. 2. 17　开启选课开关界面

③ 选择上课周次、上课时间、上课节次、上课地点后，单击“提交”按钮，学生即可选课，如图 4. 2. 18 所示。

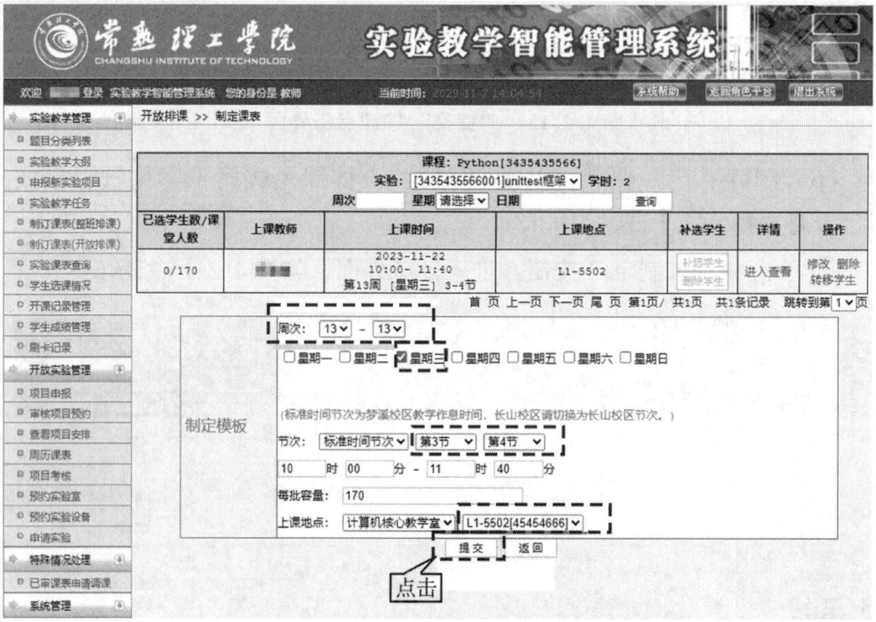

图 4. 2. 18　课程上课信息设置界面

（7）实验课表查询：该界面下教师可以查询实验课表，如图 4. 2. 19 所示。

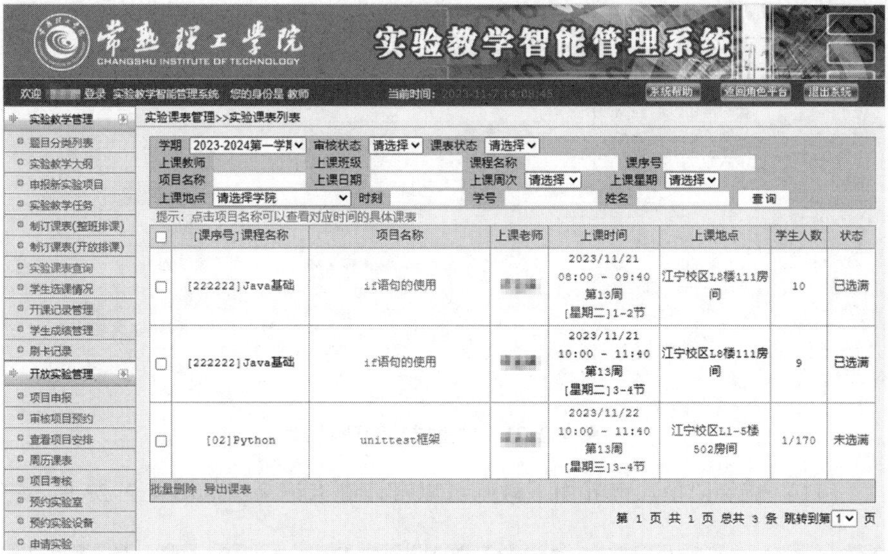

图 4.2.19　实验课表查询界面

（8）学生选课情况：该界面下教师可以查看开放课表学生选课情况。

（9）开课记录管理：该界面下教师可以单击“进入维护”按钮，进入填写开课记录界面，如图 4.2.20 所示。

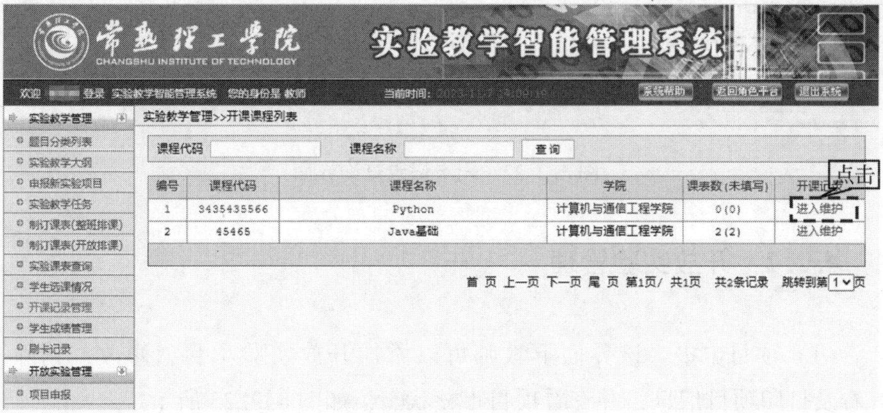

图 4.2.20　开课记录管理界面

（10）学生成绩管理：该界面下教师可以查看学生的课程成绩，如图 4.2.21 所示。

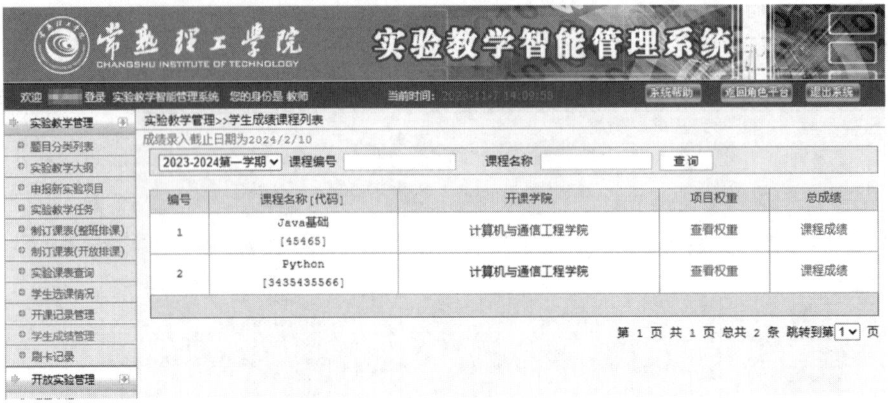

图 4.2.21 学生成绩管理界面

(11) 刷卡记录：该界面下教师可以查询刷卡记录，如图 4.2.22 所示。

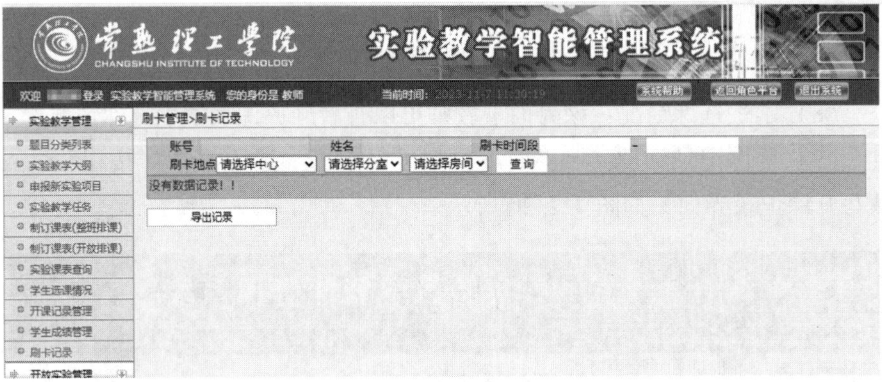

图 4.2.22 刷卡记录查询界面

4.2.2 开放实验管理

(1) 项目申报：该界面下教师可以添加开放实验项目，修改、删除、查看及打印项目信息，并查看项目审核状态，如图 4.2.23 所示。

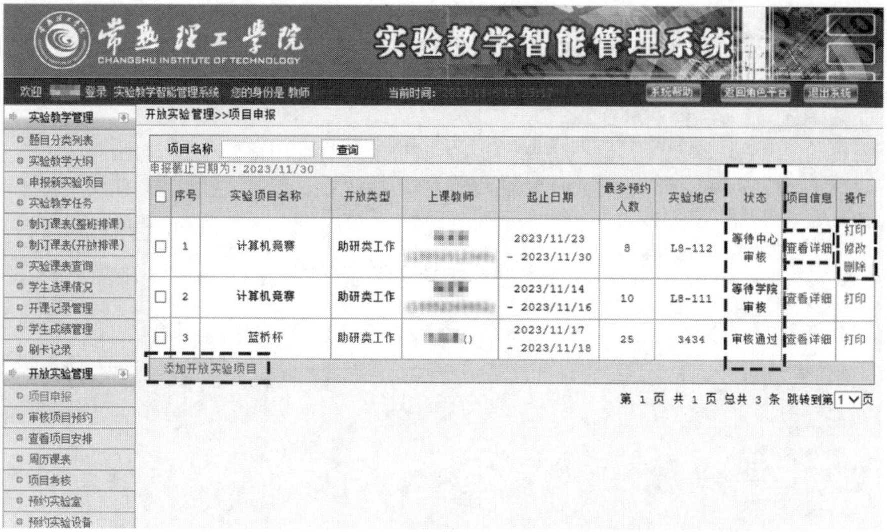

图 4.2.23　开放实验项目申报界面

（2）审核项目预约：该界面下教师可以审核报名该项目的学生，并且设置实验时间，如图 4.2.24 所示。

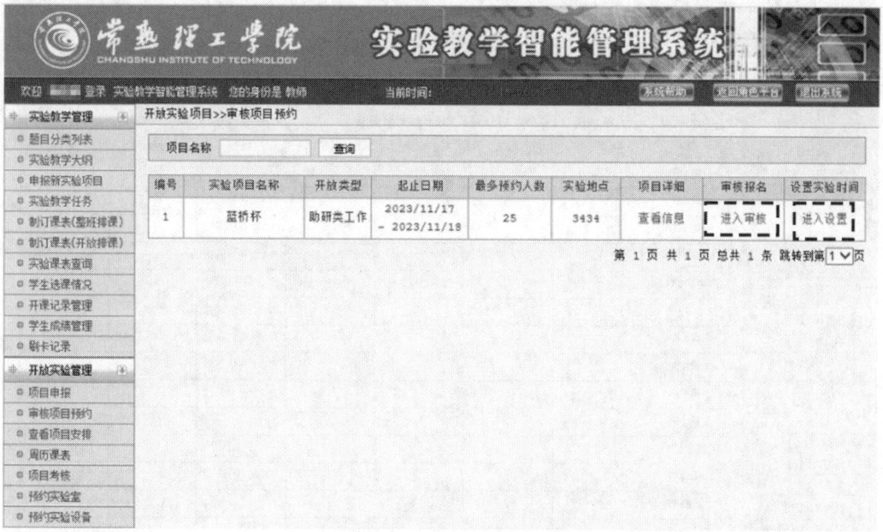

图 4.2.24　审核项目预约界面

（3）查看项目安排：该界面下教师可以查看开放实验的情况，如图 4.2.25 所示。

图 4.2.25 查看项目安排界面

（4）周历课表：该界面下教师可以查看周历课表，如图 4.2.26 所示。

图 4.2.26 周历课表查看界面

（5）项目考核。

（6）预约实验室。

（7）预约实验设备。

（8）申请实验。

4. 2. 3　特殊情况处理

已审课表申请调课：该界面下教师可以就已审课表申请调课，如图 4. 2. 27 所示。

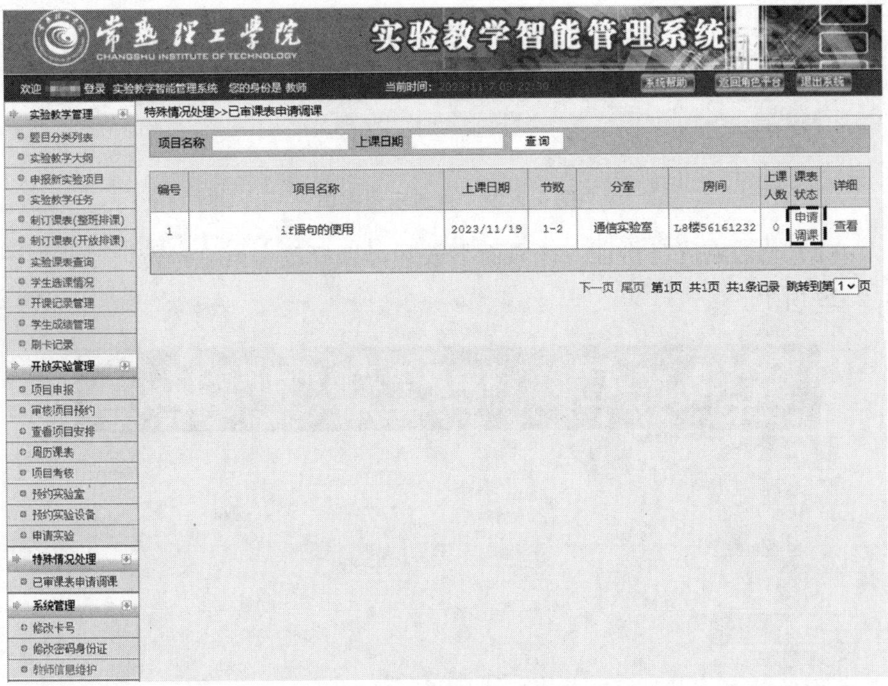

图 4. 2. 27　已审课表申请调课界面

4. 2. 4　系统管理

（1）修改卡号：教师自己不能修改卡号，学院管理员、系统管理员可以修改，如图 4. 2. 28 所示。

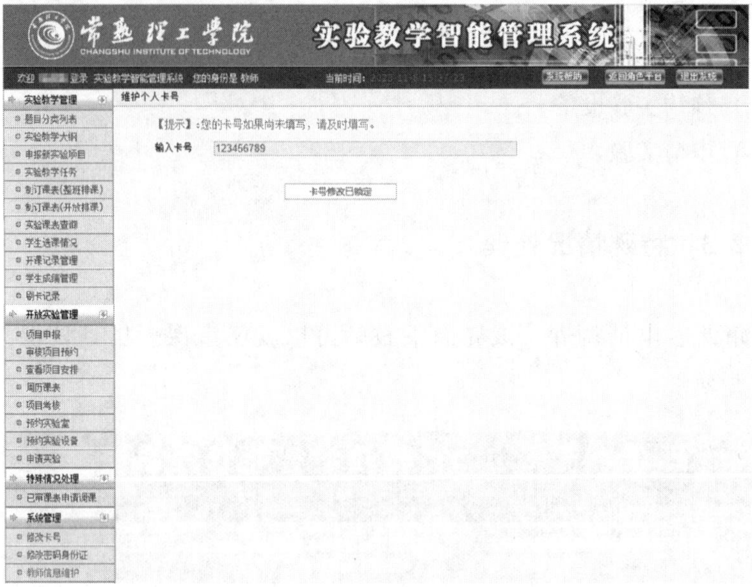

图 4.2.28　修改卡号界面

（2）修改密码身份证：该界面下教师可以修改密码、身份证号，如图 4.2.29 所示。

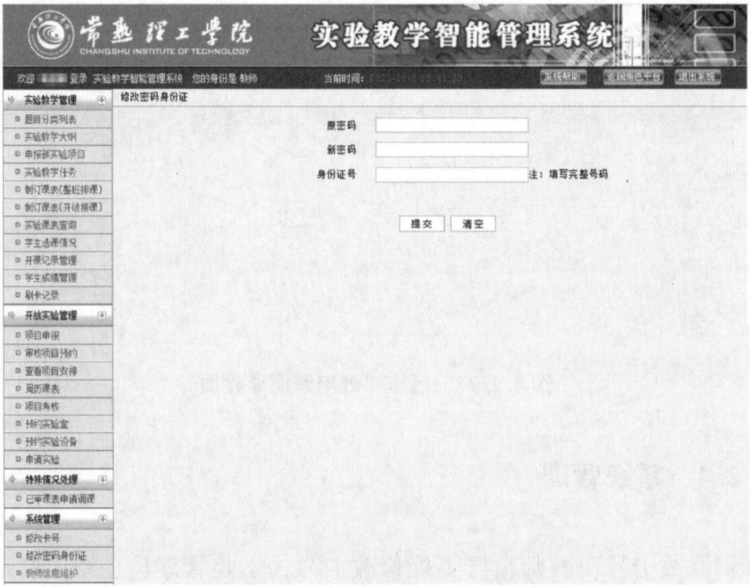

图 4.2.29　修改密码身份证界面

(3) 教师信息维护：该界面下教师可以维护个人信息，如图 4.2.30 所示。

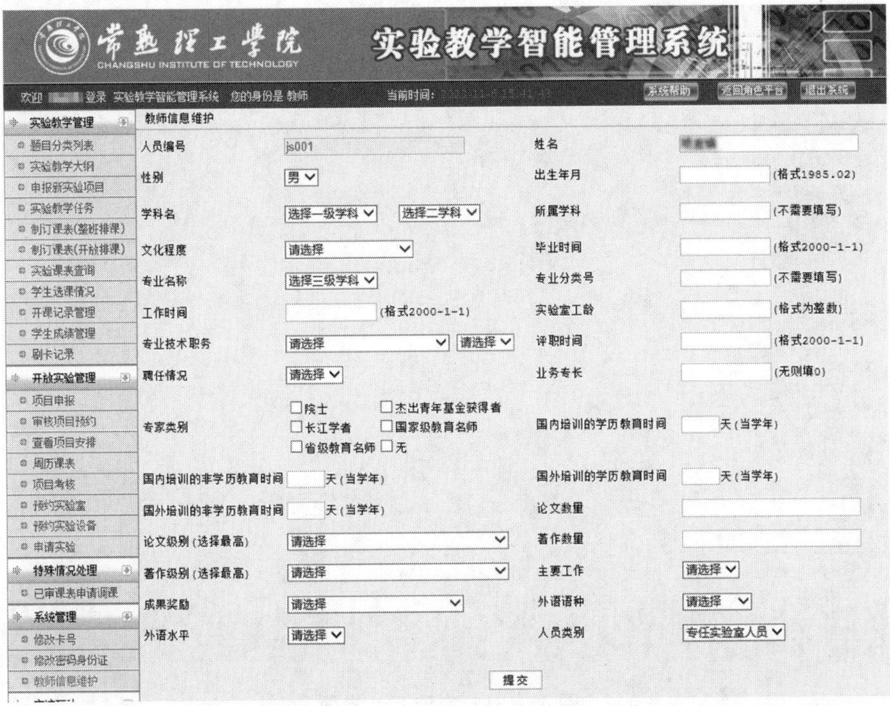

图 4.2.30　教师信息维护界面

4.2.5　交流互动

教师可以通过收件箱、发件箱与系统管理员和学生进行交流互动，如向系统管理员反馈使用中遇到的问题，以及解答学生在学习过程中的困惑，如图 4.2.31 所示。

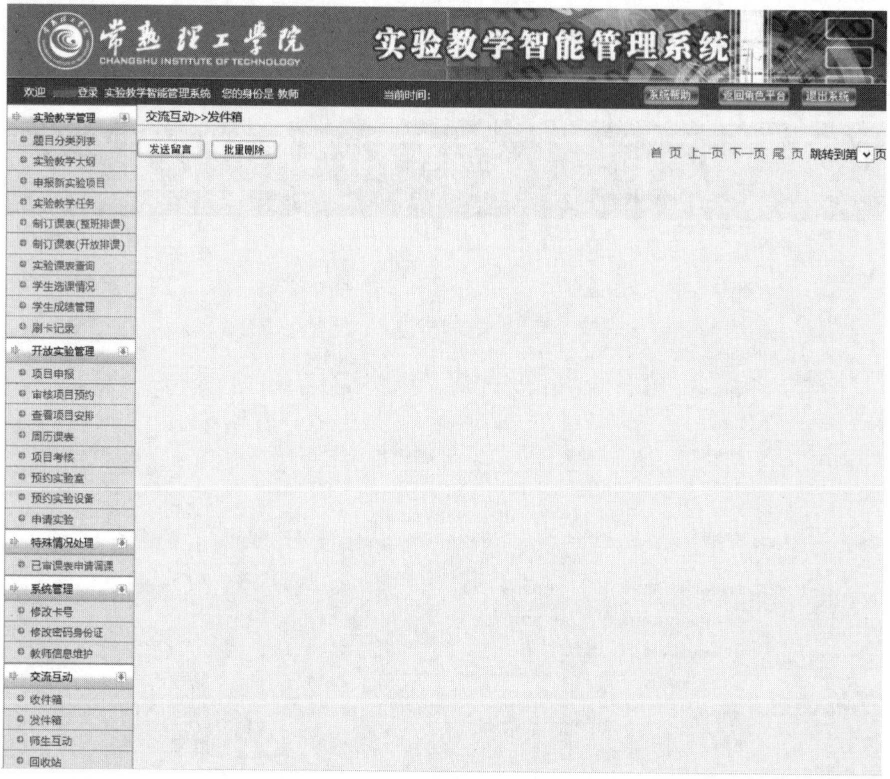

图 4.2.31　交流互动界面

4.3　中心负责人模块

* * * * * * * * * * * * * * * * *

中心负责人拥有“实验中心管理”“实验教学管理”“开放实验管理”“刷卡管理”“账号管理”“教育部实验室信息上报”“交流互动”等权限。下面主要以计算机科研中心负责人账号为例，对以上几项权限进行逐一介绍。

4.3.1　实验中心管理

（1）实验中心管理：该界面下中心负责人既可以查看所管理的实验室，也可以修改下属实验室信息，如图 4.3.1 所示。

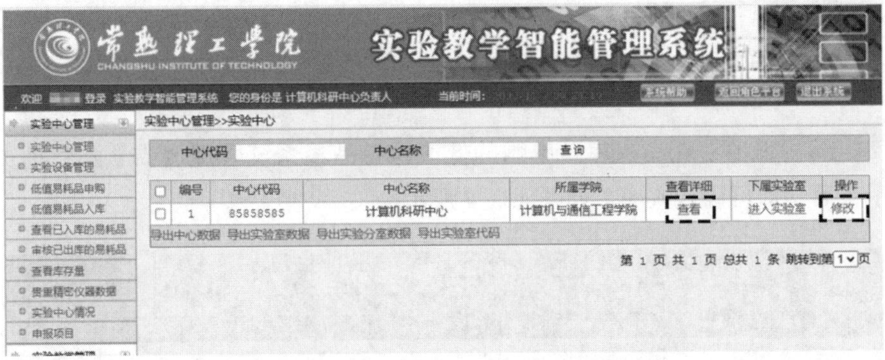

图 4.3.1　实验中心管理界面

（2）实验设备管理：该界面下中心负责人可以添加、查看、修改、删除实验设备信息，如图 4.3.2 所示。

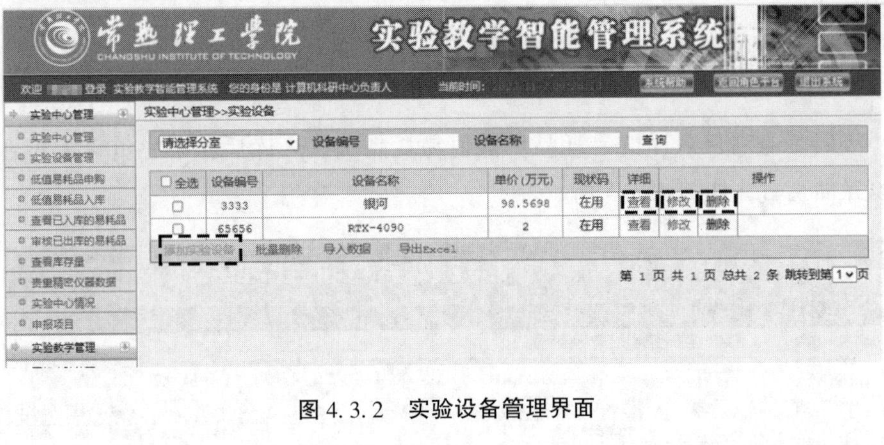

图 4.3.2　实验设备管理界面

（3）低值易耗品申购：该界面下中心负责人可以申购低值易耗品，如图 4.3.3 所示。

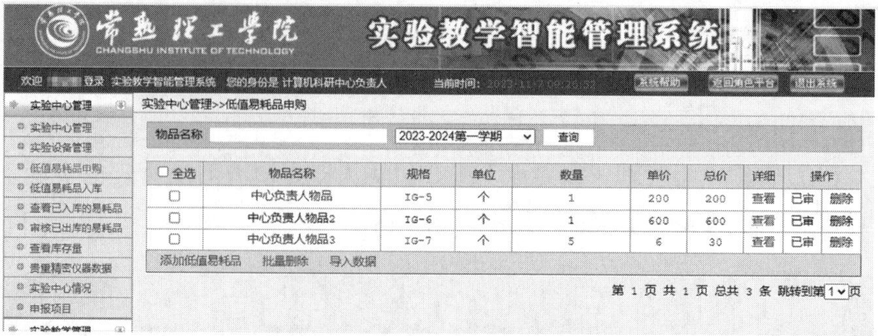

图 4.3.3 低值易耗品申购界面

（4）低值易耗品入库：申购的低值易耗品经系统管理员或学院管理员审核后，即可确认入库，如图 4.3.4 所示。

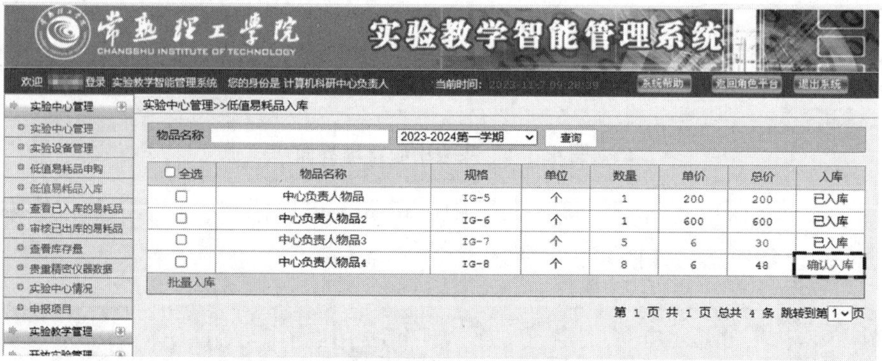

图 4.3.4 低值易耗品入库界面

（5）查看已入库的易耗品：低值易耗品确认入库后，中心负责人可在该界面查看，如图 4.3.5 所示。

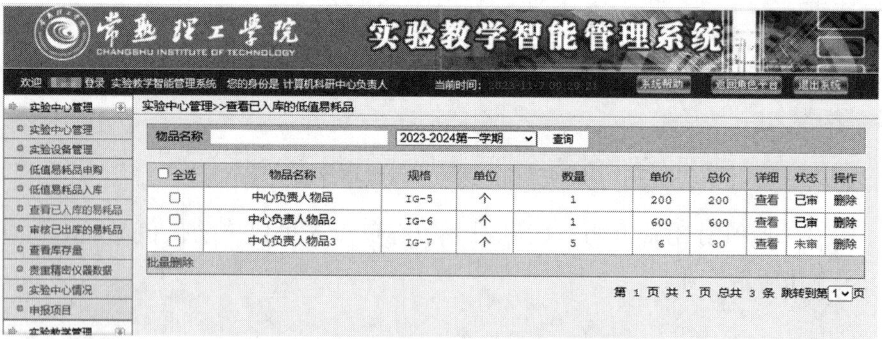

图 4.3.5 查看已入库的低值易耗品界面

(6) 审核已出库的易耗品。

(7) 查看库存量：该界面下中心负责人可以查看低值易耗品的库存量。未审核入库，即库存量为 0，如图 4.3.6 所示。

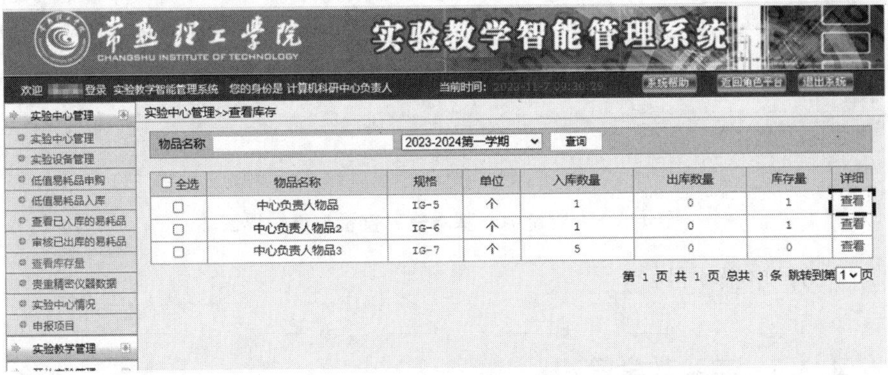

图 4.3.6　查看库存量界面

(8) 贵重精密仪器数据：该界面下中心负责人既可以查看、添加贵重精密仪器，也可以补充贵重精密仪器的资料，如图 4.3.7 所示。

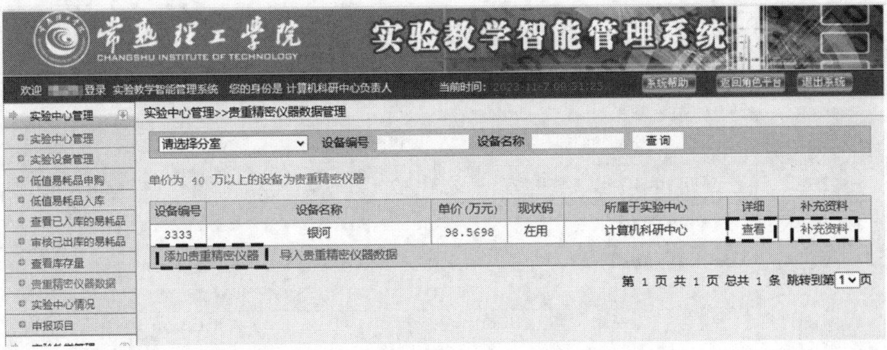

图 4.3.7　贵重精密仪器数据管理界面

(9) 实验中心情况：该界面下中心负责人可以查看、维护实验中心基本信息，如图 4.3.8 所示。

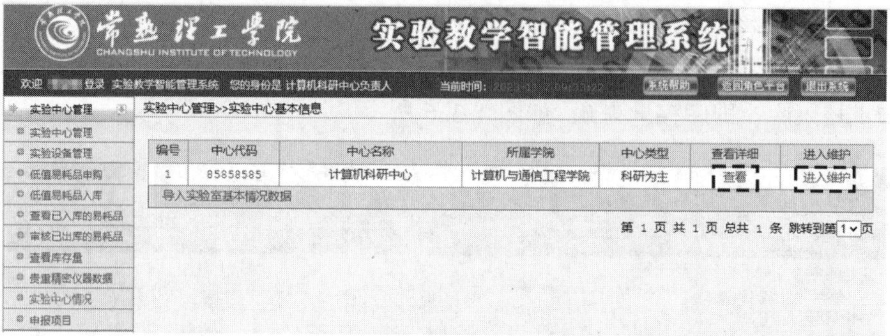

图 4.3.8　实验中心基本信息查看与维护界面

（10）申报项目。

4.3.2　实验教学管理

（1）实验课程库：该界面下中心负责人可以查看、修改实验课程相关信息，如图 4.3.9 所示。

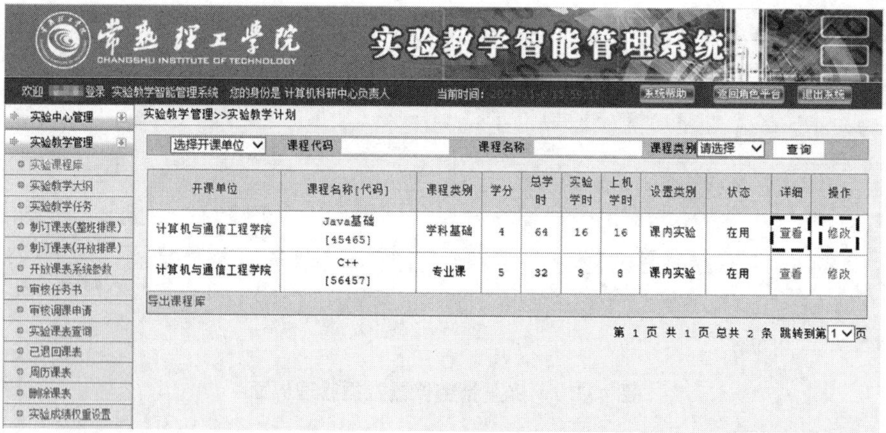

图 4.3.9　实验课程库管理界面

（2）实验教学大纲：该界面下中心负责人可以查看实验教学大纲，如图 4.3.10 所示。

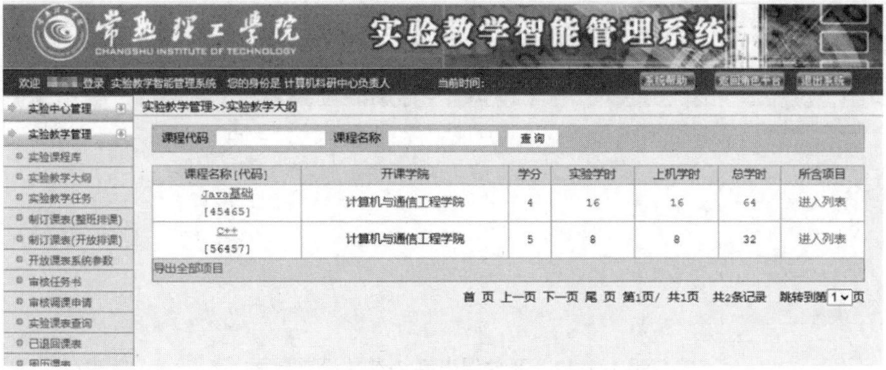

图 4.3.10 实验教学大纲查看界面

(3) 实验教学任务：该界面下中心负责人可以查看实验教学任务，如图 4.3.11 所示。

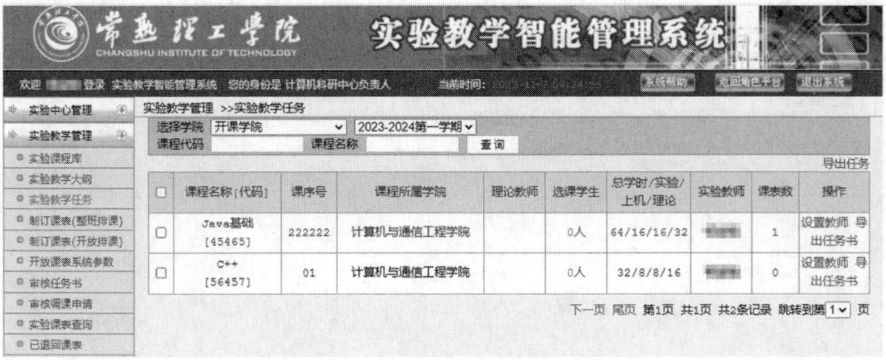

图 4.3.11 实验教学任务查看界面

(4) 制订课表（整班排课）。

(同本章教师模块)

(5) 制订课表（开放排课）。

(同本章教师模块)

(6) 开放课表系统参数：该界面下中心负责人可以设置开放课表系统参数名称和参数值，如图 4.3.12 所示。

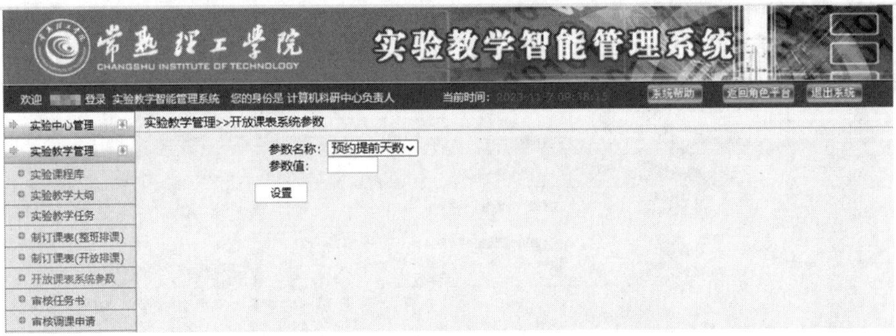

图 4.3.12 开放课表系统参数设置界面

（7）审核任务书：该界面下中心负责人可以审核实验教师提交的任务书，如图 4.3.13 所示。

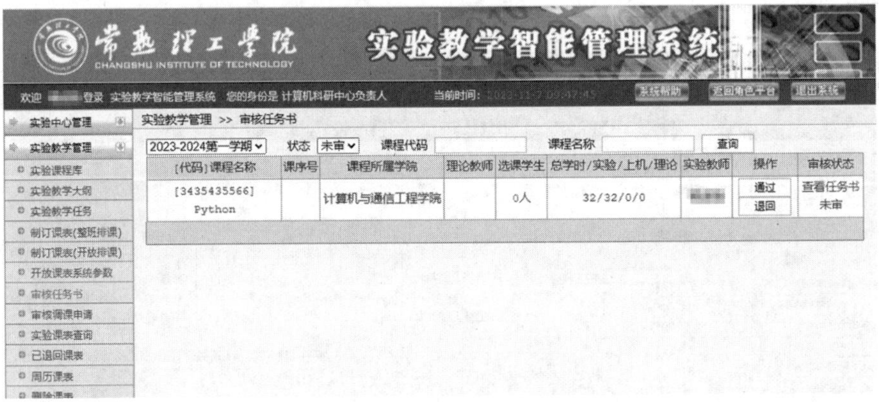

图 4.3.13 审核任务书界面

（8）审核调课申请：教师提交调课申请，中心负责人负责审核，如图 4.3.14、图 4.3.15 所示。

图 4.3.14　审核调课申请（待审核）界面

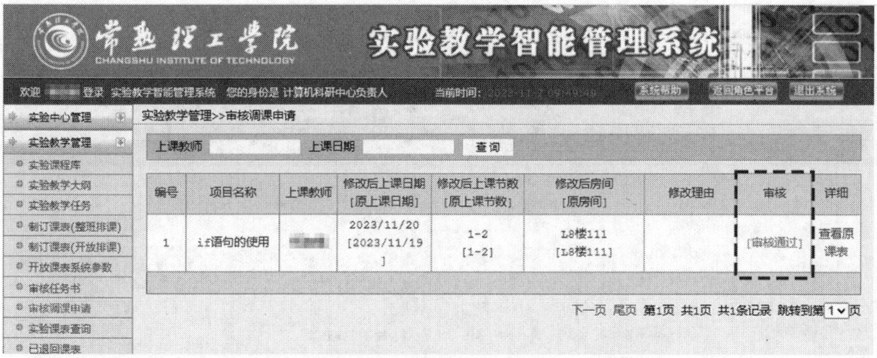

图 4.3.15　审核调课申请（审核通过）界面

（9）实验课表查询：该界面下中心负责人可以查询实验课表信息，如图 4.3.16 所示。

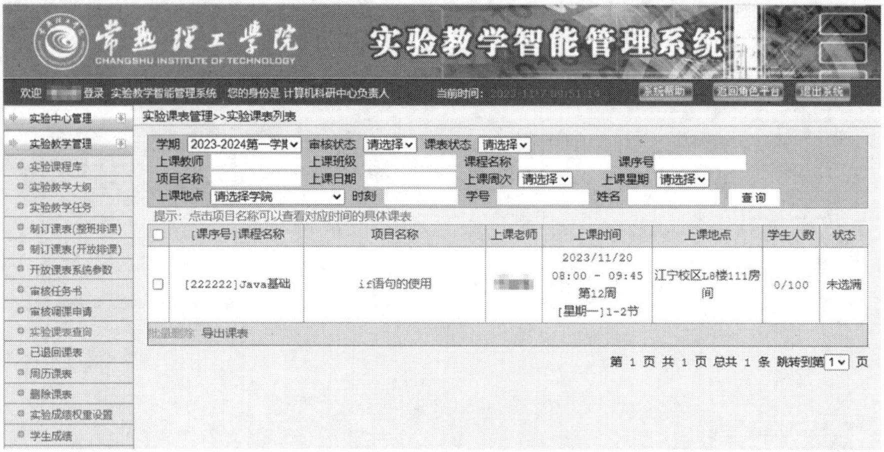

图 4.3.16　实验课表查询界面

（10）已退回课表：该界面下中心负责人可以查看已退回课表，如图 4.3.17 所示。

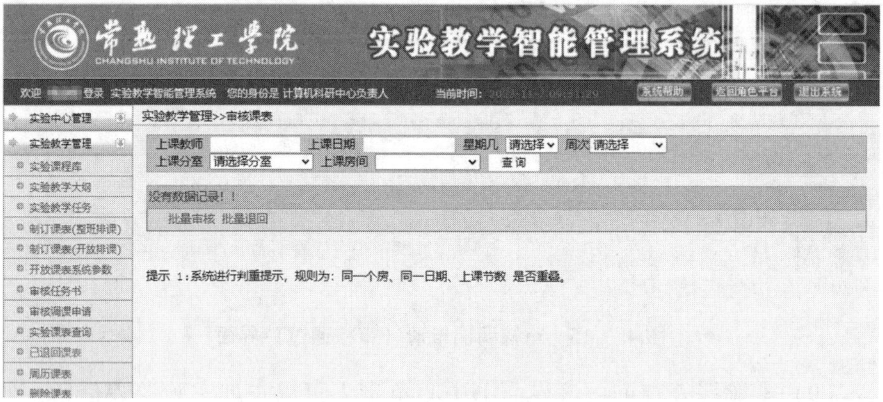

图 4.3.17　已退回课表显示界面

（11）周历课表：该界面下中心负责人可以查看周历课表，如图 4.3.18 所示。

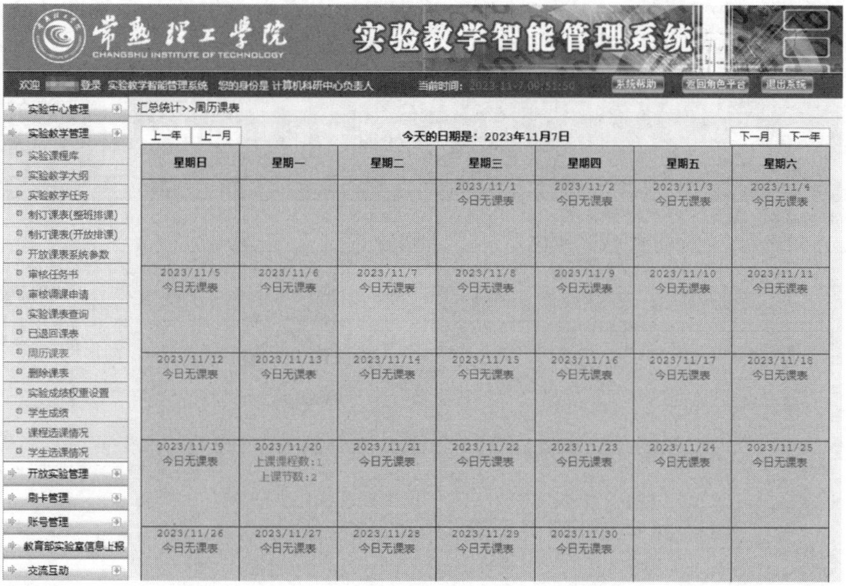

图 4. 3. 18　周历课表显示界面

（12）删除课表。

（13）实验成绩权重设置：该界面下中心负责人可以设置某项课程的某个实验的成绩权重，如图 4. 3. 19 所示。

图 4. 3. 19　实验成绩权重设置界面

（14）学生成绩：该界面下中心负责人可以查看学生成绩，如图 4. 3. 20 所示。

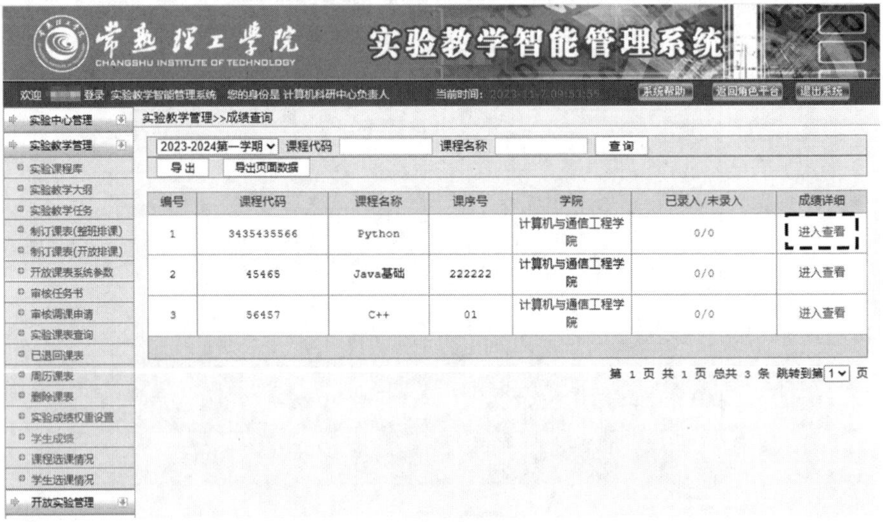

图 4. 3. 20　学生成绩查询界面

（15）课程选课情况：该界面下中心负责人可以查看课程选课情况，如图 4. 3. 21 所示。

图 4. 3. 21　课程选课情况查看界面

（16）学生选课情况：该界面下中心负责人可以查看学生选课情况，如

图 4. 3. 22 所示。

图 4. 3. 22　学生选课情况查看界面

4. 3. 3　开放实验管理

（1）开放实验项目申报：该界面下中心负责人可以申报开放实验项目，如图 4. 3. 23 所示。

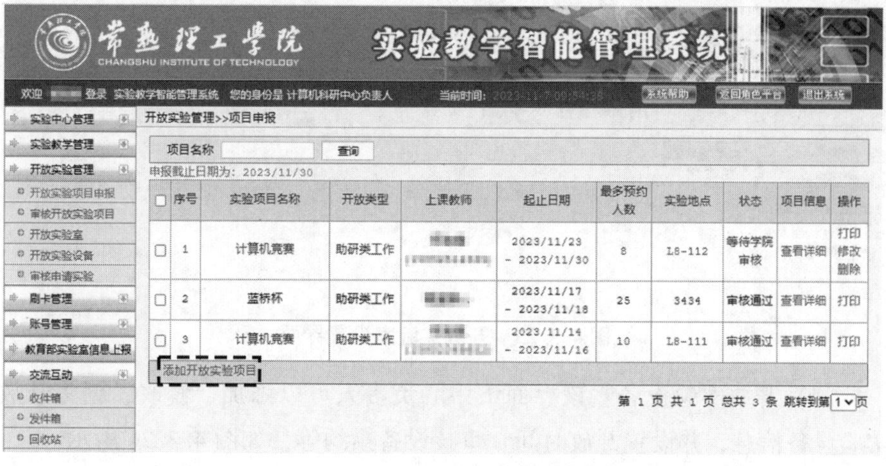

图 4. 3. 23　开放实验项目申报界面

（2）审核开放实验项目：该界面下中心负责人可以审核教师提交的开放实验项目，如图 4. 3. 24 所示。

图 4. 3. 24　审核开放实验项目界面

（3）开放实验室：该界面下中心负责人可以添加、修改、删除开放实验室信息，并设置开放时间、审核实验室预约等，如图 4. 3. 25 所示。

图 4. 3. 25　开放实验室设置界面

（4）开放实验设备：该界面下中心负责人可以添加、修改、删除开放实验设备信息，并设置开放时间、审核设备预约等，如图 4. 3. 26 所示。

（5）审核申请实验。

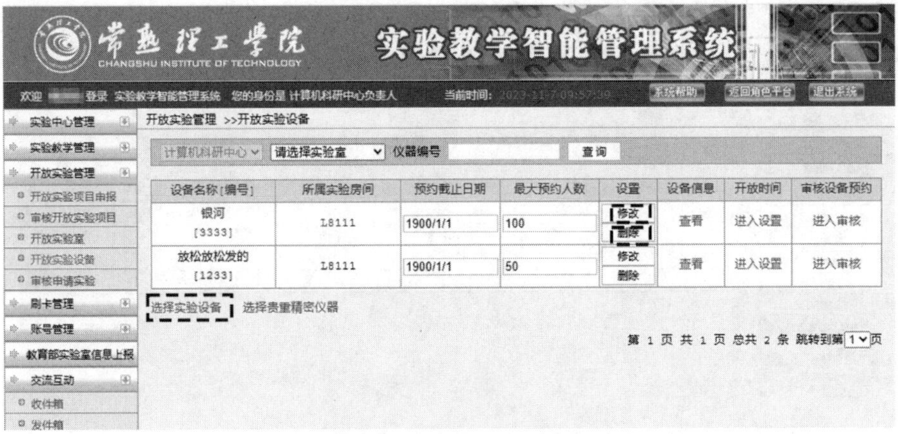

图 4. 3. 26　开放实验设备设置界面

4. 3. 4　刷卡管理

中心负责人可以通过该模块查看实验中心监控、对实验中心刷卡设备进行管理、查看刷卡记录等，如图 4. 3. 27 所示。

图 4. 3. 27　刷卡管理界面

4. 3. 5　账号管理

（1）实验员管理：该界面下中心负责人可以对实验员进行添加、删除、修改、授权，如图 4. 3. 28 所示。

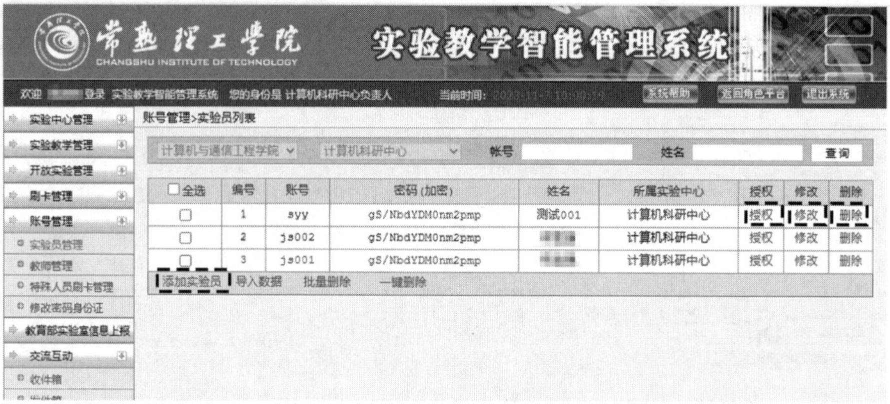

图 4.3.28　实验员管理界面

（2）教师管理：该界面下中心负责人可以对教师进行添加、删除、修改、授权，如图 4.3.29 所示。

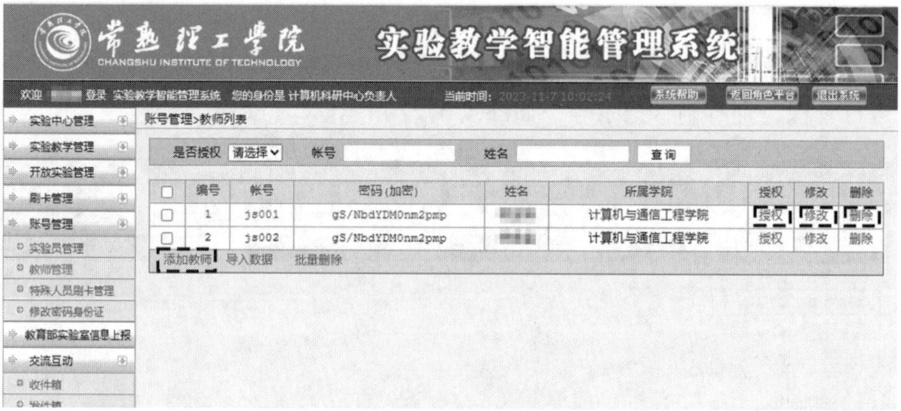

图 4.3.29　教师管理界面

（3）特殊人员刷卡管理：该界面下中心负责人可以添加特殊的刷卡人员，如图 4.3.30 所示。

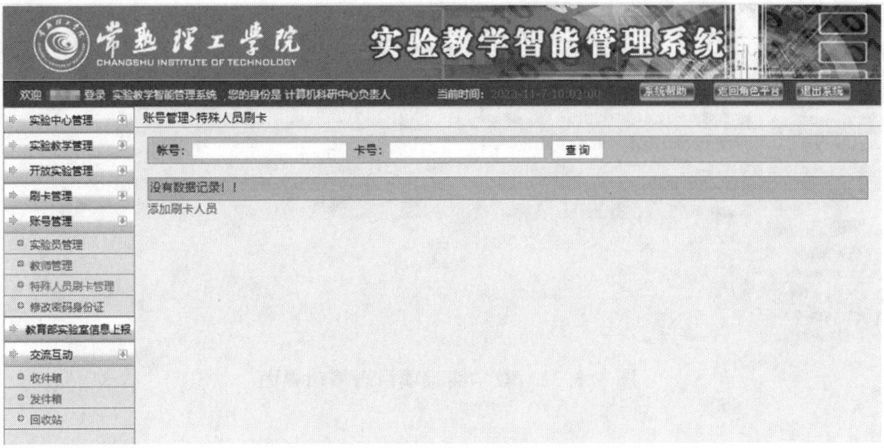

图 4. 3. 30　特殊人员刷卡管理界面

（4）修改密码身份证：该界面下中心负责人可以修改密码、身份证号，如图 4. 3. 31 所示。

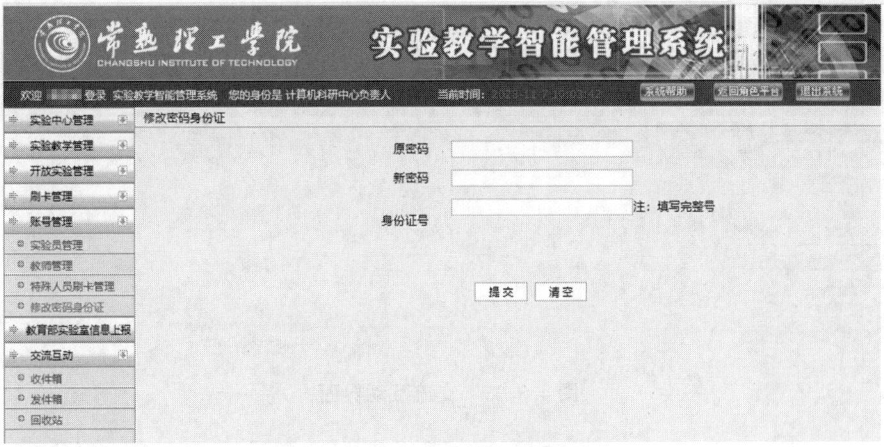

图 4. 3. 31　修改密码身份证界面

4. 3. 6　教育部实验室信息上报

中心负责人可以通过该模块添加或导入实验室贵重仪器设备表、教学实验项目表、专任实验室人员表、实验室基本情况等数据，形成符合教育部要求的实验室上报信息，如图 4. 3. 32 所示。

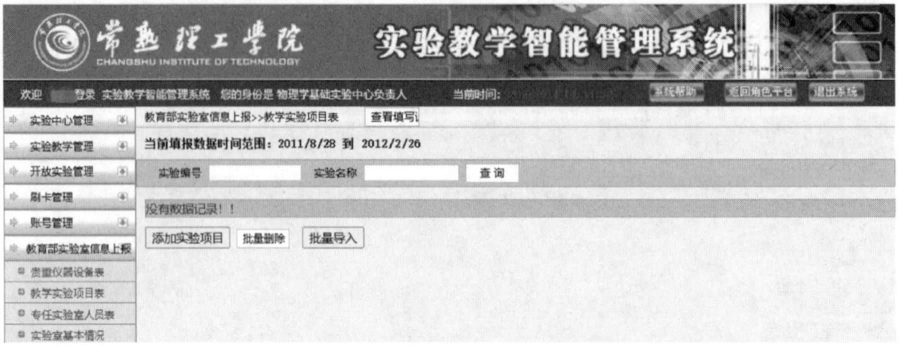

图 4.3.32　教学实验项目表编辑界面

4.3.7　交流互动

中心负责人可以通过收件箱、发件箱与系统中的教师、学生进行交流，及时解决教师、学生在使用系统中遇到的问题和需求，如图 4.3.33 所示。

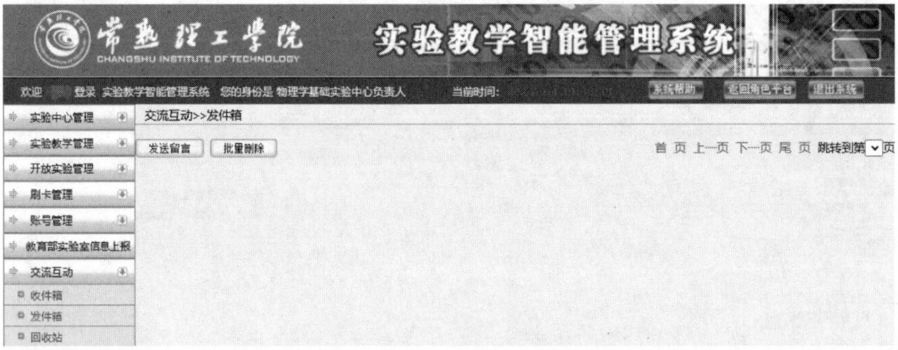

图 4.3.33　交流互动界面

4.4　实验员模块

* * * * * * * * * * * * * *

实验员拥有“实验中心管理”“实验教学管理”“开放实验管理”“刷卡管理”“账号管理”“交流互动”等权限。下面主要以计算机科研中心实验员账号为例，对以上几项权限进行逐一介绍。

4.4.1　实验中心管理

（1）实验课表查询：该界面下实验员可以查询实验课表，如图 4.4.1 所示。

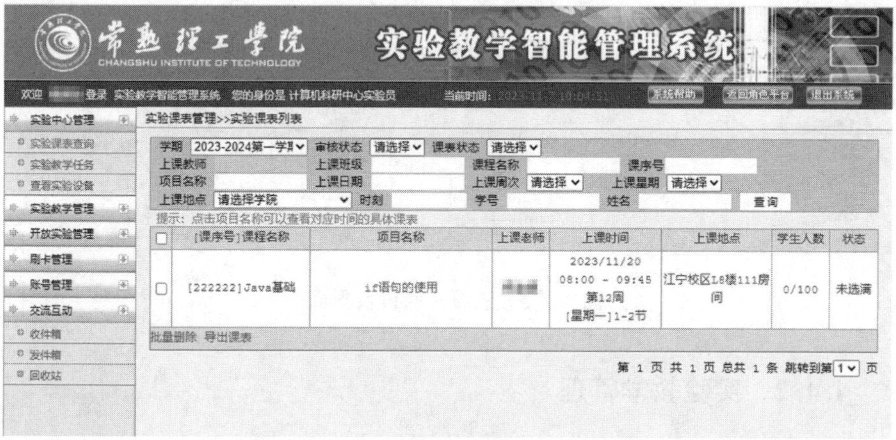

图 4.4.1　实验课表查询界面

（2）实验教学任务：该界面下实验员可以查看实验教学任务，如图 4.4.2 所示。

图 4.4.2　实验教学任务查询界面

(3) 查看实验设备：该界面下实验员可以查看实验设备信息，如图 4.4.3 所示。

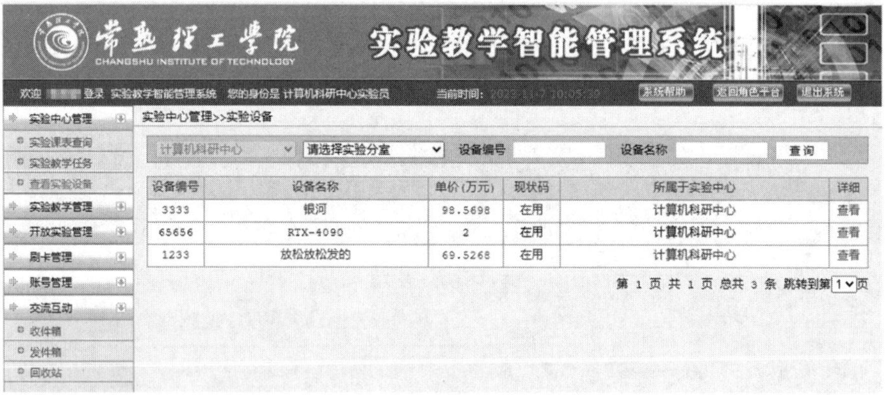

图 4.4.3　查看实验设备界面

4.4.2　实验教学管理

(1) 已退回课表。

(2) 开课记录管理：该界面下实验员可以查看与自己相关的实验，如图 4.4.4 所示。

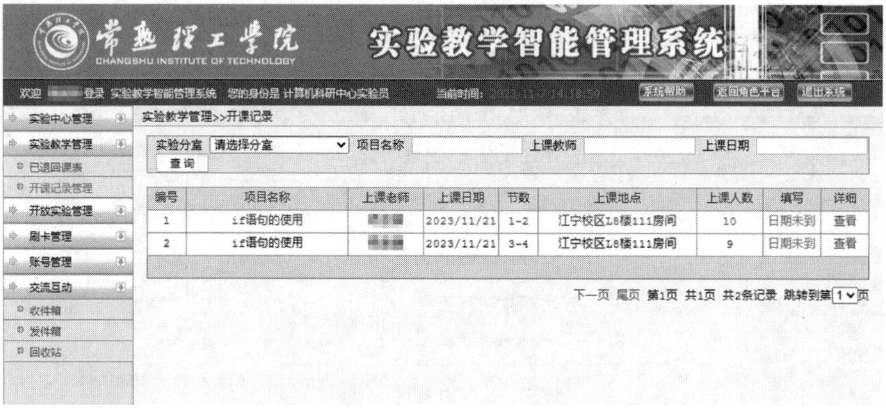

图 4.4.4　开课记录管理界面

4.4.3　开放实验管理

（1）开放实验室：该界面下实验员可以添加、修改、删除开放实验室信息，并设置开放时间、审核实验室预约等，如图 4.4.5 所示。

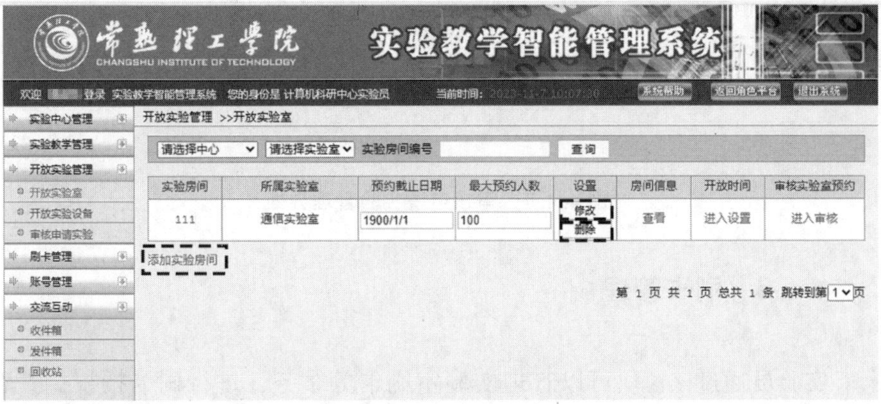

图 4.4.5　开放实验室设置界面

（2）开放实验设备：该界面下实验员可以添加、修改、删除开放实验设备信息，并设置开放时间、审核设备预约等，如图 4.4.6 所示。

图 4.4.6　开放实验设备设置界面

（3）审核申请实验：该界面下实验员可以审核教师申请的实验，如图 4.4.7 所示。

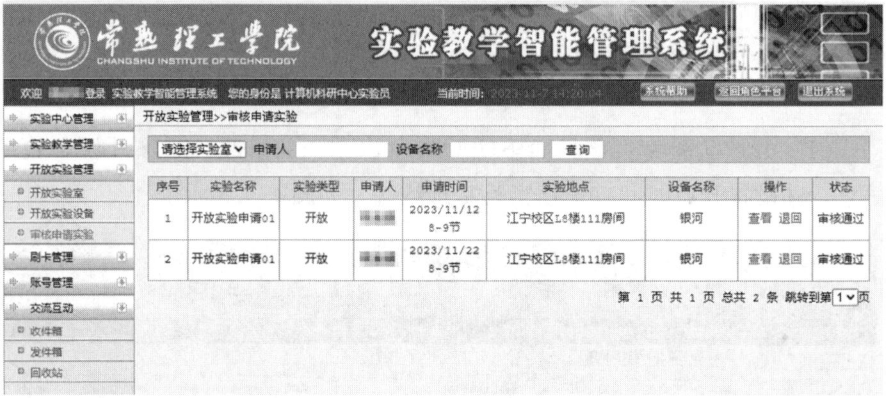

图 4.4.7　审核申请实验管理界面

4.4.4　刷卡管理

实验员通过该模块可以管理实验室刷卡等事务，进行刷卡授权，查看实验室监控和刷卡记录，如图 4.4.8 所示。

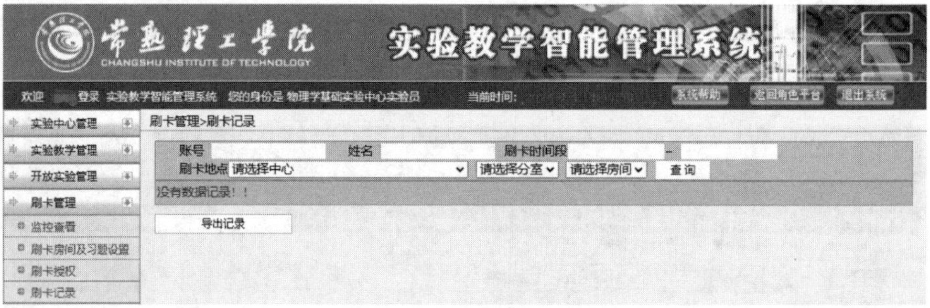

图 4.4.8　刷卡记录查询界面

4.4.5　账号管理

修改密码身份证：该界面下实验员可以修改密码、身份证号，如图 4.4.9 所示。

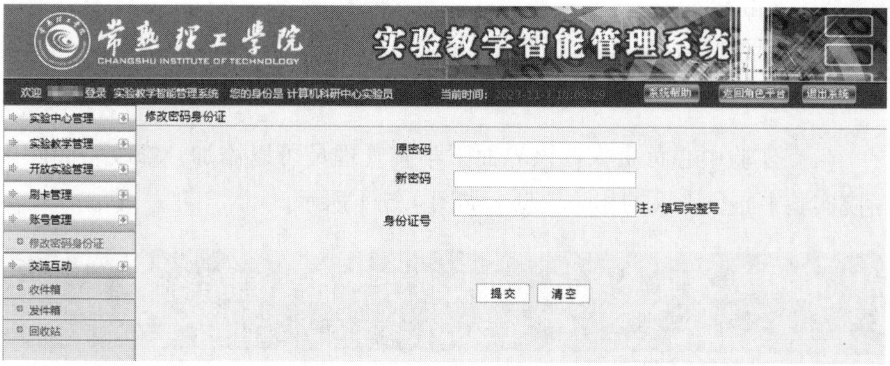

图 4.4.9　修改密码身份证界面

4.4.6　交流互动

实验员可以通过收件箱、发件箱与系统中的教师、学生进行交流，及时解决教师和学生在使用系统中遇到的问题与需求，如图 4.4.10 所示。

图 4.4.10　交流互动界面

4.5　学院管理员模块

* * * * * * * * * * * * * * * * * *

学院管理员拥有“账号管理”“实验中心管理”“实验教学管理”“开放实验管理”“刷卡管理”“系统管理”“汇总统计”“交流互动”等权限。下面将对以上权限进行逐一介绍。

4.5.1 账号管理

(1) 实验中心负责人：该界面下学院管理员可以添加、修改、删除本学院实验中心负责人的相关信息，如图 4.5.1 所示。

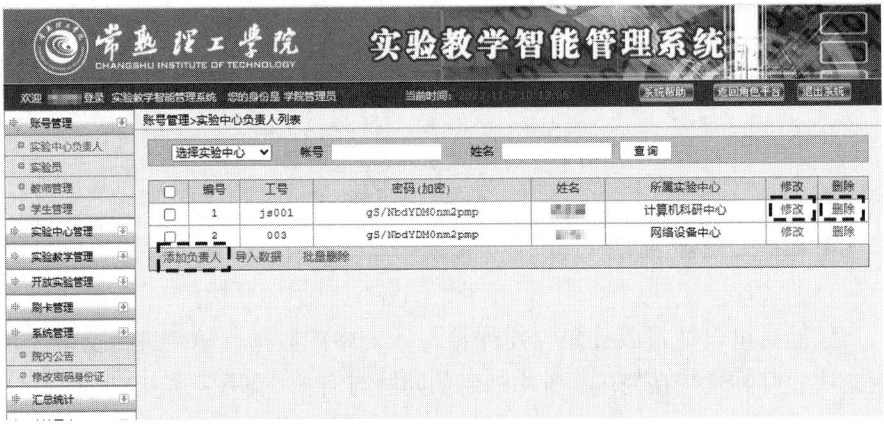

图 4.5.1 实验中心负责人管理界面

(2) 实验员：该界面下学院管理员可以添加、修改、删除本学院实验员的相关信息，如图 4.5.2 所示。

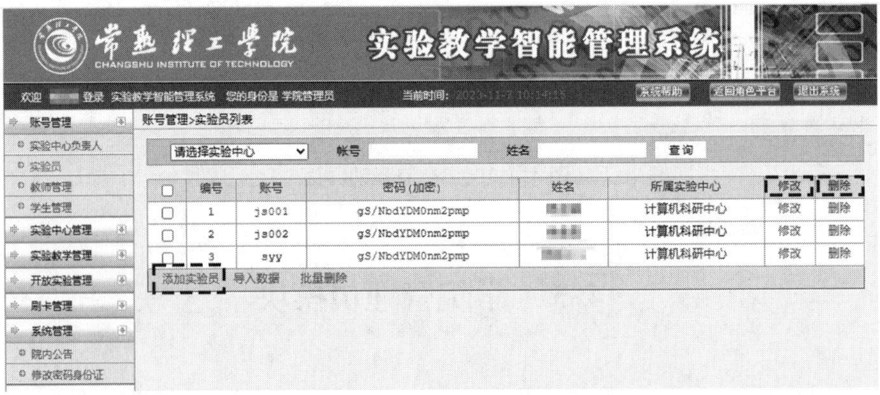

图 4.5.2 实验员管理界面

(3) 教师管理：该界面下学院管理员可以添加、修改、删除本学院教师的相关信息，并对教师进行授权，如图 4.5.3 所示。

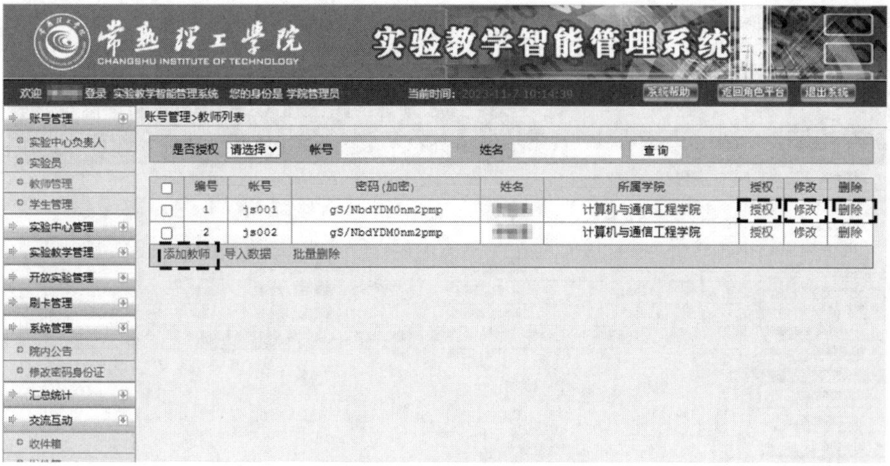

图 4.5.3　教师管理界面

（4）学生管理：该界面下学院管理员可以添加、修改、删除本学院学生的相关信息，如图 4.5.4 所示。

图 4.5.4　学生管理界面

4.5.2　实验中心管理

（1）实验中心管理：该界面下学院管理员可以查看、修改所管理的实验中心、下属实验室、实验室分室等的信息，如图 4. 5. 5 所示。

图 4. 5. 5　实验中心管理界面

（2）实验设备管理：该界面下学院管理员可以添加、查看、修改、删除实验设备的信息，如图 4. 5. 6 所示。

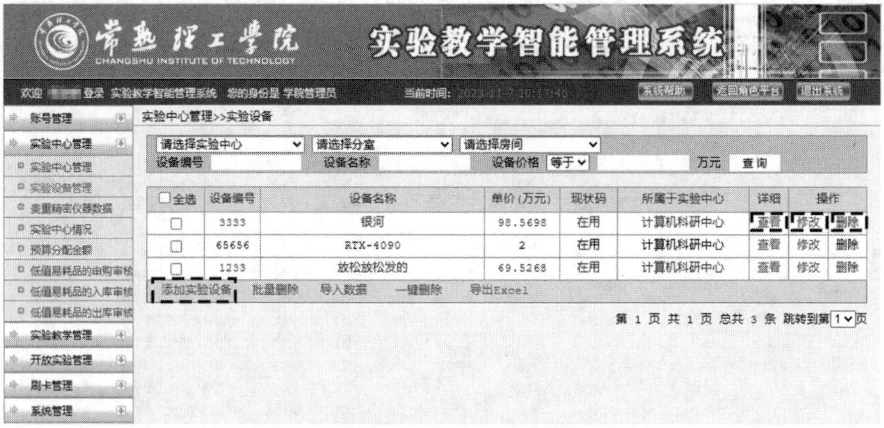

图 4. 5. 6　实验设备管理界面

（3）贵重精密仪器数据：该界面下学院管理员可以查看、添加贵重精密仪器数据及补充其资料，如图 4. 5. 7 所示。

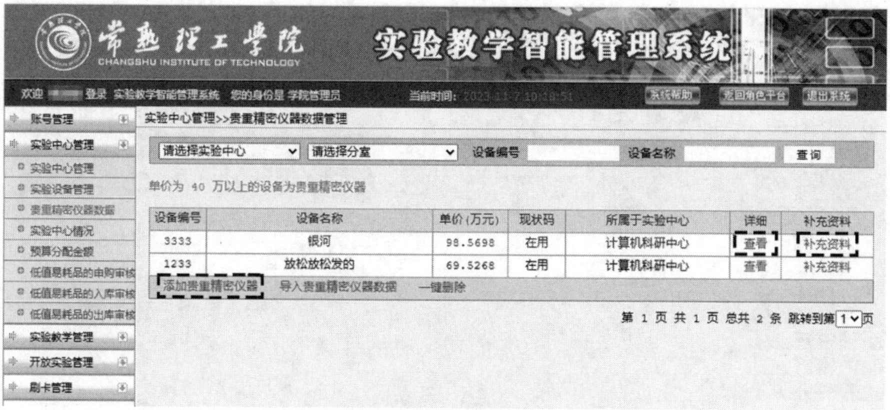

图 4.5.7　贵重精密仪器数据管理界面

（4）实验中心情况：该界面下学院管理员可以查看、维护实验中心基本信息，如图 4.5.8 所示。

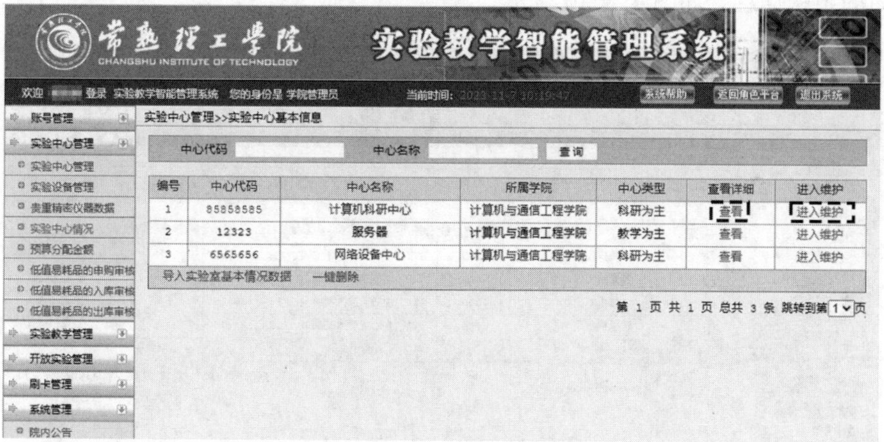

图 4.5.8　实验中心基本信息查看与维护界面

（5）预算分配金额：该界面下学院管理员可以设置实验中心的预算，如图 4.5.9 所示。

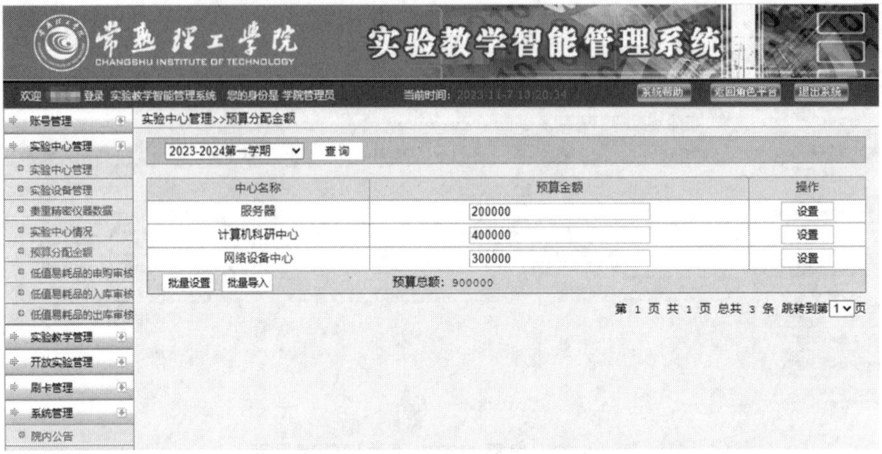

图 4.5.9　实验中心的预算设置界面

（6）低值易耗品的申购审核：该界面下学院管理员可以审核低值易耗品的申购信息，如图 4.5.10 所示。

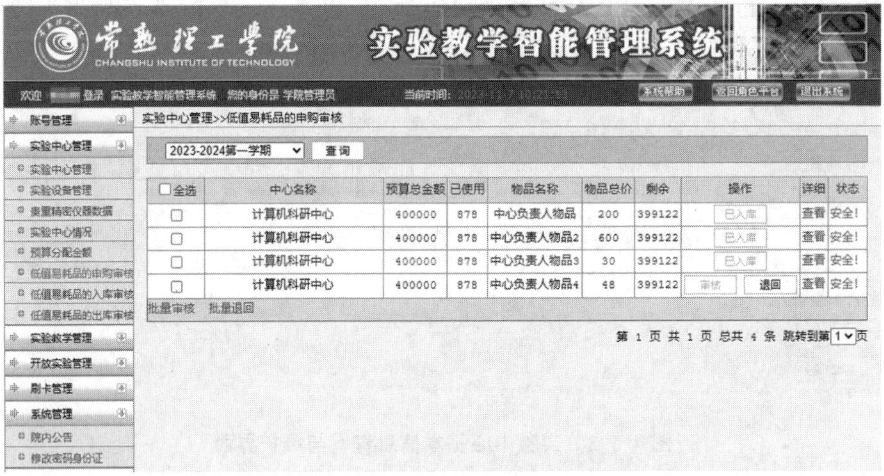

图 4.5.10　低值易耗品的申购审核界面

（7）低值易耗品的入库审核：该界面下学院管理员可以审核低值易耗品的入库情况，如图 4.5.11 所示。

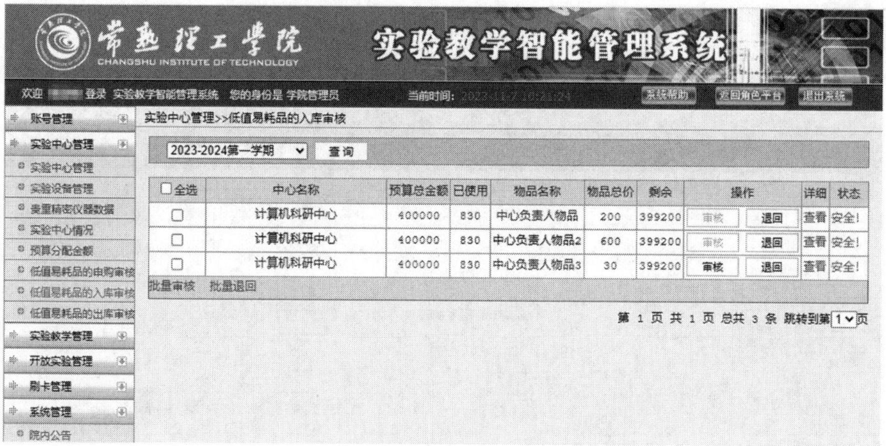

图 4. 5. 11 低值易耗品的入库审核界面

（8）低值易耗品的出库审核。

4. 5. 3 实验教学管理

（1）实验课程库：该界面下学院管理员可以查看、修改实验课程相关信息，如图 4. 5. 12 所示。

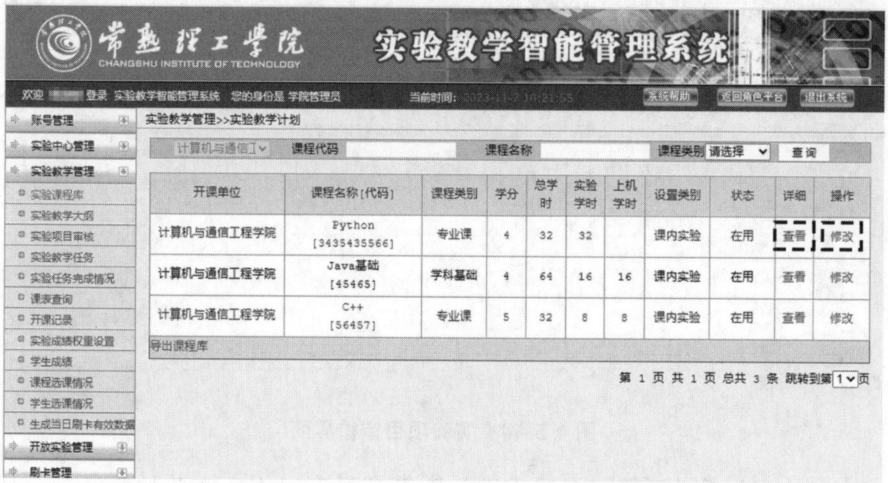

图 4. 5. 12 实验课程库管理界面

（2）实验教学大纲：该界面下学院管理员可以查看实验教学大纲，如

图 4. 5. 13 所示。

图 4. 5. 13　实验教学大纲查看界面

(3) 实验项目审核：该界面下学院管理员可以审核教师提交的实验项目，如图 4. 5. 14 所示。

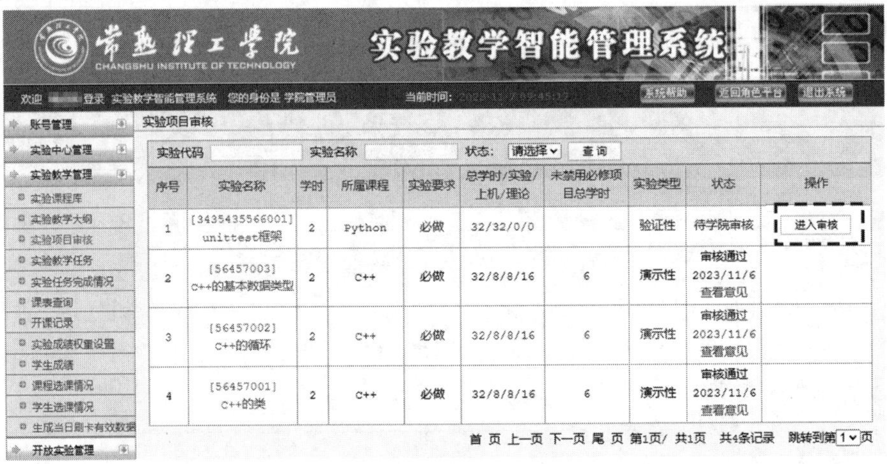

图 4. 5. 14　实验项目审核界面

(4) 实验教学任务：该界面下学院管理员可以查看实验教学任务，如图 4. 5. 15 所示。

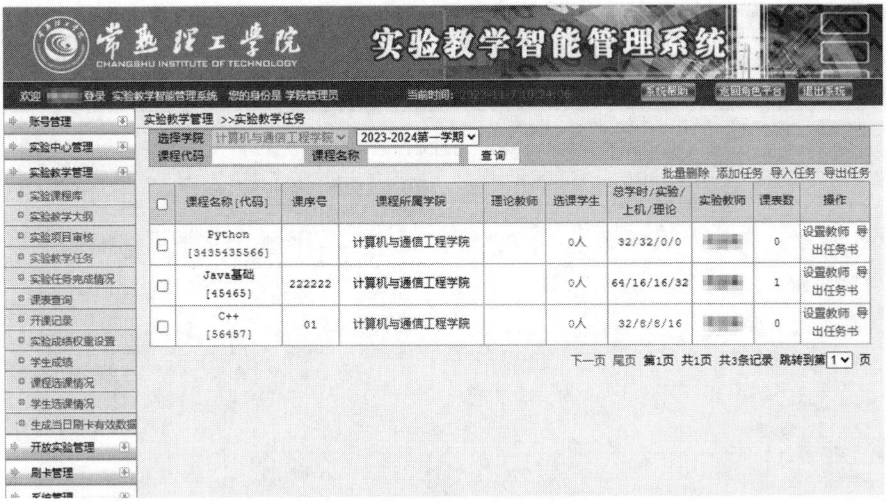

图 4.5.15　实验教学任务查看界面

（5）实验任务完成情况：该界面下学院管理员可以查看实验任务完成情况，如图 4.5.16 所示。

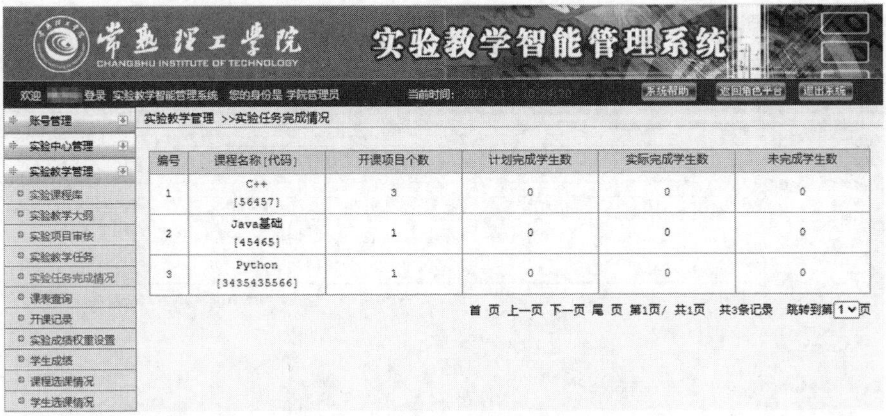

图 4.5.16　实验任务完成情况查看界面

（6）课表查询：该界面下学院管理员可以查询课表信息，如图 4.5.17 所示。

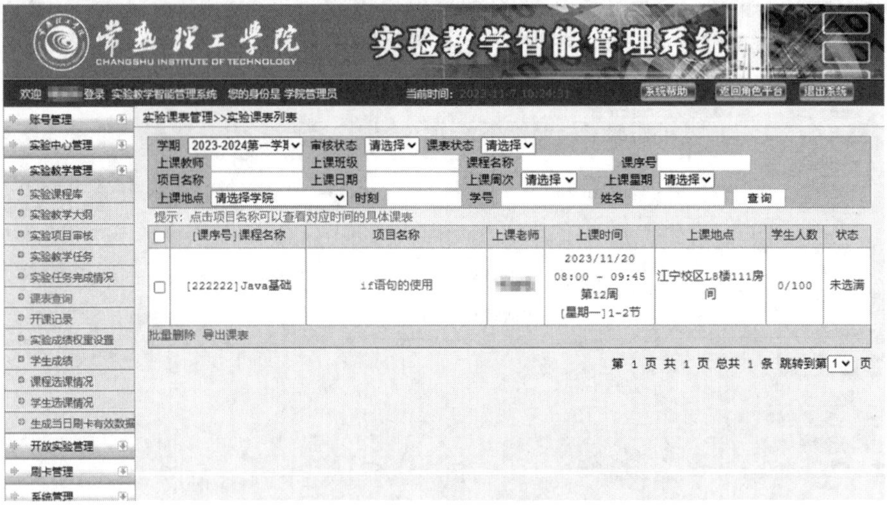

图 4.5.17　课表查询界面

（7）开课记录：该界面下实验管理员可以查看开课记录，如图 4.5.18 所示。

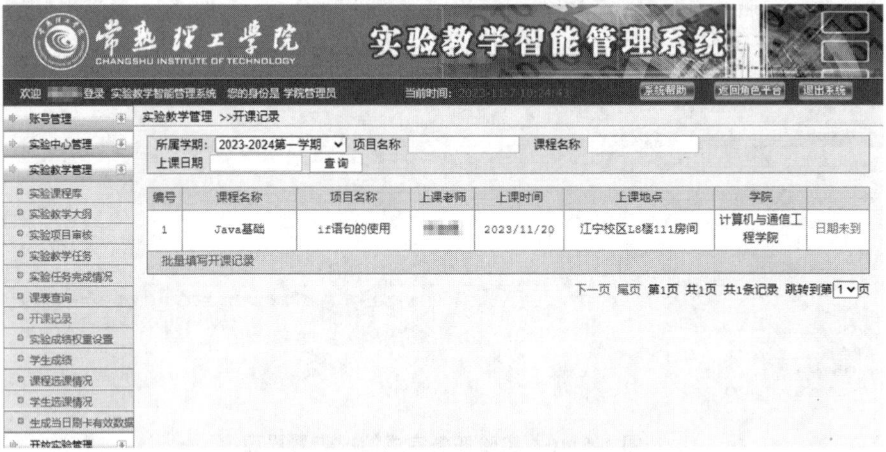

图 4.5.18　开课记录查看界面

（8）实验成绩权重设置：该界面下实验管理员可以设置某项课程的某个实验的成绩权重，如图 4.5.19 所示。

图 4. 5. 19　实验成绩权重设置界面

（9）学生成绩：该界面下学院管理员可以查看学生成绩，如图 4. 5. 20 所示。

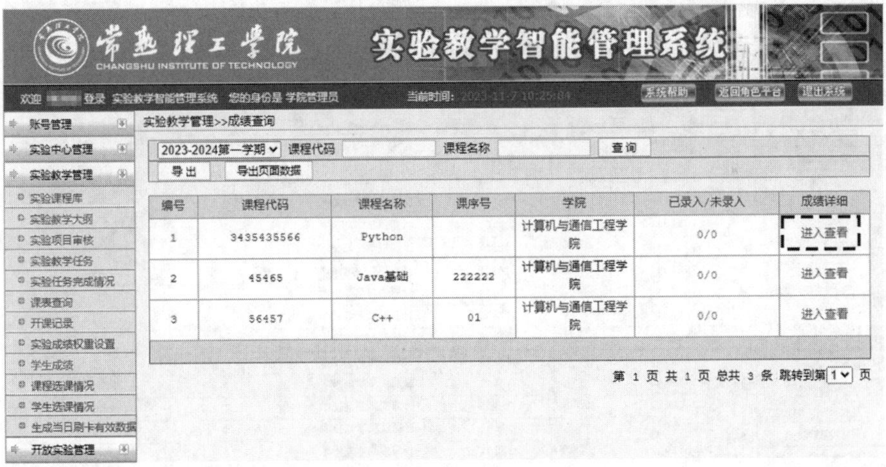

图 4. 5. 20　学生成绩查看界面

（10）课程选课情况：该界面下学院管理员可以查看课程选课情况，如图 4. 5. 21 所示。

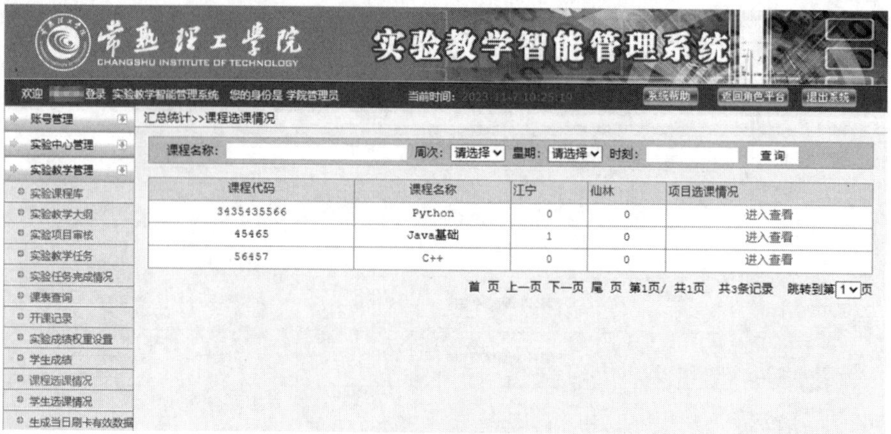

图 4.5.21 课程选课情况查看界面

（11）学生选课情况：该界面下学院管理员可以查看学生选课情况，如图 4.5.22 所示。

图 4.5.22 学生选课情况查询界面

（12）生成当日刷卡有效数据：该界面下学院管理员可以生成当日刷卡有效数据，如图 4.5.23 所示。

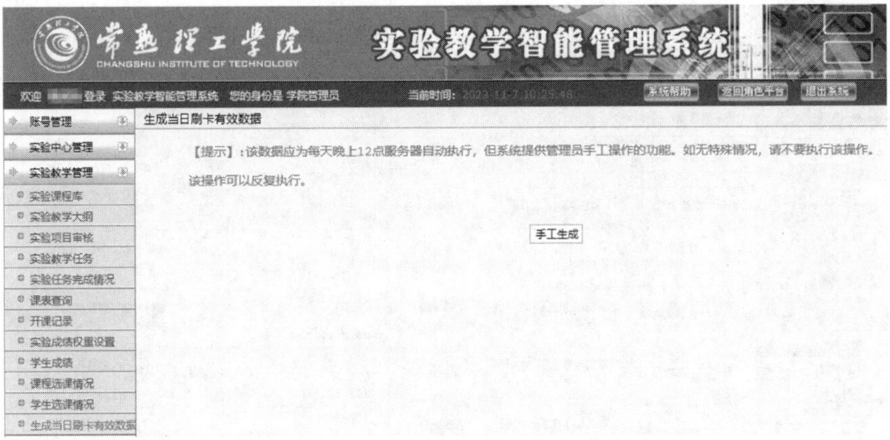

图 4.5.23　生成当日刷卡有效数据界面

4.5.4　开放实验管理

(1) 审核开放实验项目：该界面下学院管理员可以审核教师提交的开放实验项目，如图 4.5.24 所示。

图 4.5.24　审核开放实验项目界面

(2) 项目预约：该界面下学院管理员可以查看项目预约情况，如图 4.5.25 所示。

图 4.5.25　项目预约情况查看界面

（3）项目安排：该界面下学院管理员可以查看项目当前的课程安排，如图 4.5.26 所示。

图 4.5.26　项目安排查看界面

（4）周历课表：该界面下学院管理员可以查看周历课表，如图 4.5.27 所示。

图 4.5.27　周历课表显示界面

（5）数据统计：该界面下学院管理员可以查看教师工作量、学生完成情况、实验室人时数、学生学时数，如图 4.5.28 所示。

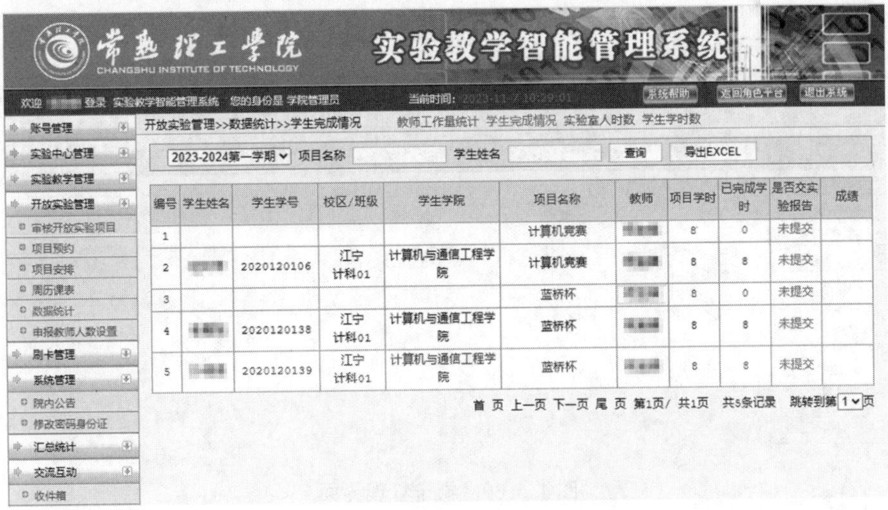

图 4.5.28　学生完成情况数据统计界面

（6）申报教师人数设置：该界面下学院管理员可以设置申报教师人数，

如图 4. 5. 29 所示。

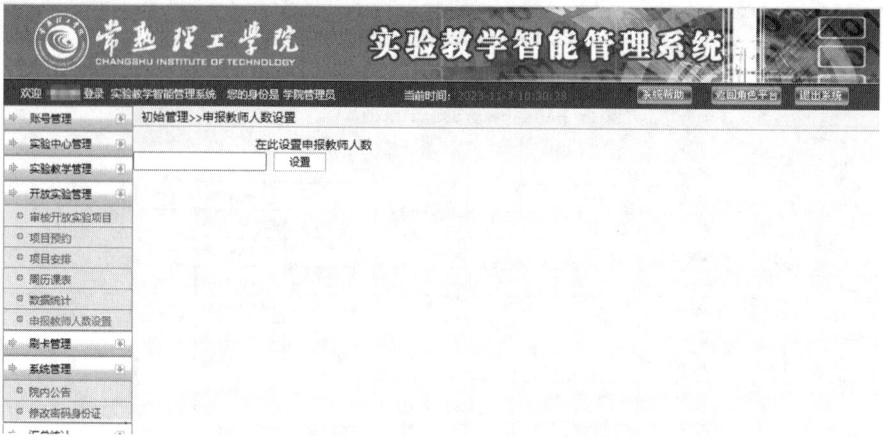

图 4. 5. 29　申报教师人数设置界面

4. 5. 5　刷卡管理

学院管理员可以通过该模块查看实验中心监控、对实验中心刷卡设备进行管理、维护刷卡人员的卡号信息和权限、查看刷卡记录等，如图 4. 5. 30 所示。

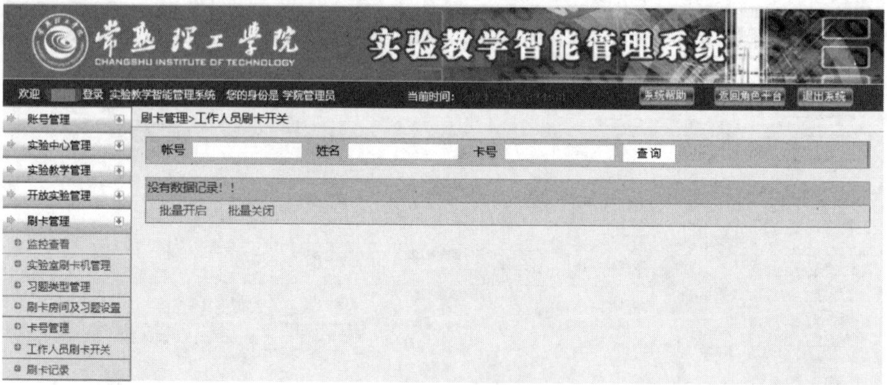

图 4. 5. 30　刷卡管理界面

4.5.6　系统管理

（1）院内公告：该界面下学院管理员可以添加公告内容，修改、删除院内公告，如图 4.5.31 所示。

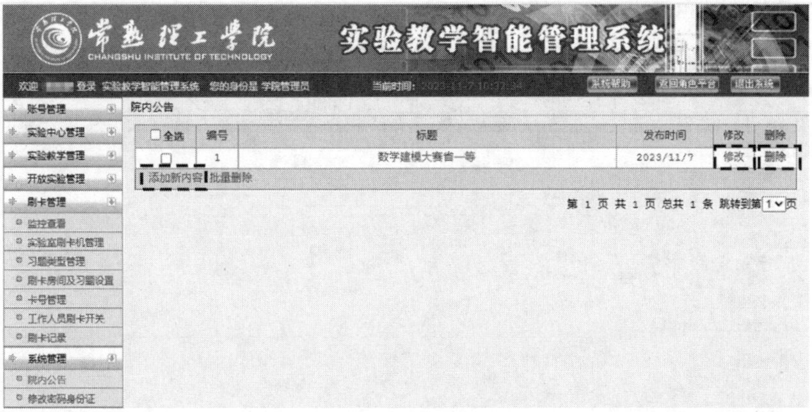

图 4.5.31　院内公告管理界面

（2）修改密码身份证：该界面下学院管理员可以修改密码、身份证号，如图 4.5.32 所示。

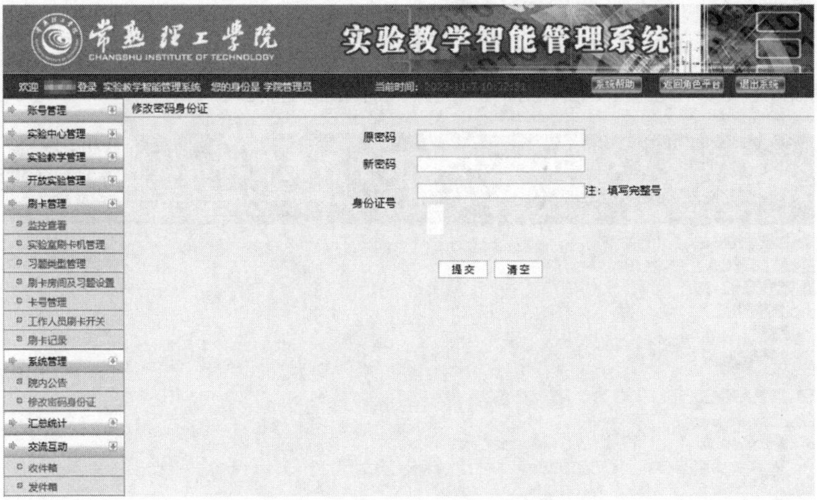

图 4.5.32　修改密码身份证界面

4.5.7　汇总统计

学院管理员通过该模块查看与导出实验室信息上报数据和实验教学工作量、人时数、课表汇总、周历课表、实验室用时等相关内容的统计数据，如图 4.5.33 所示。

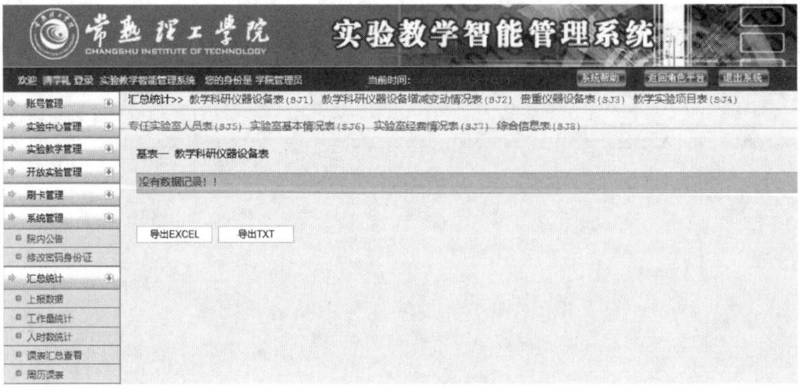

图 4.5.33　汇总统计界面

4.5.8　交流互动

学院管理员可以通过收件箱、发件箱与系统中的教师、学生进行交流，及时解决教师和学生在使用系统中遇到的问题与需求，如图 4.5.34 所示。

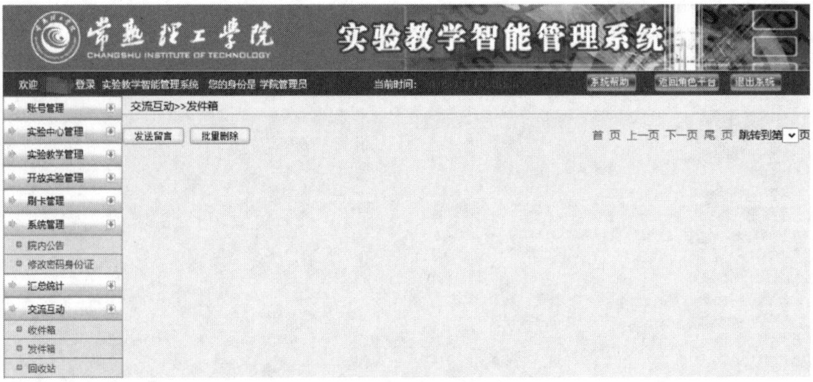

图 4.5.34　交流互动界面

4.6　学生模块

＊＊＊＊＊＊＊＊＊＊＊＊＊

校内学生拥有“实验教学管理”“开放实验管理”等权限，下面将对其进行逐一介绍。

4.6.1　实验教学管理

（1）维护个人卡号：如果学生自己无法添加，可以联系学院管理员，如图 4.6.1 所示。

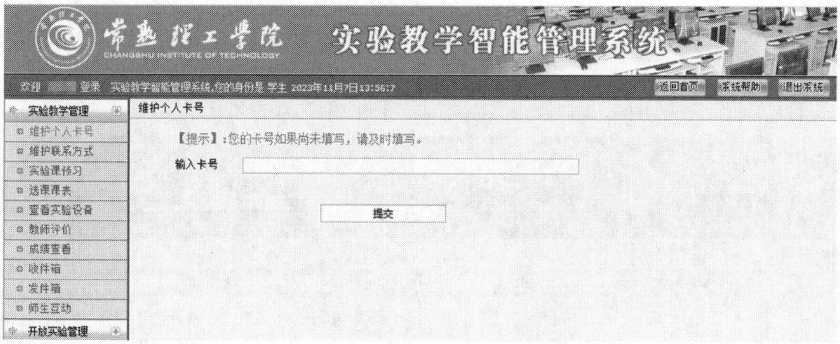

图 4.6.1　维护个人卡号界面

（2）维护联系方式：该界面下学生可以维护个人联系方式，如图 4.6.2 所示。

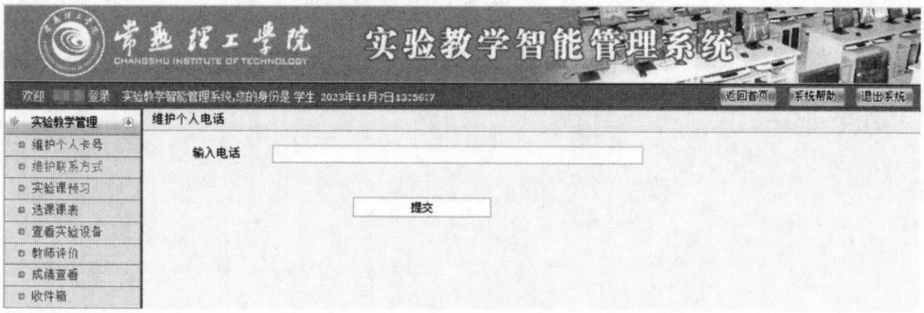

图 4.6.2　维护联系方式界面

（3）实验课预习。

（4）选课课表：该界面下学生可以查看学校已经分配的课或者选择想要上的课，如图 4.6.3 所示。

图 4.6.3　选课课表查看界面

（5）查看实验设备：该界面下学生可以查看实验设备信息，如图 4.6.4 所示。

图 4.6.4　实验设备查看界面

（6）教师评价：该界面下学生可以对已经上的课进行评价打分，如图 4.6.5 所示。

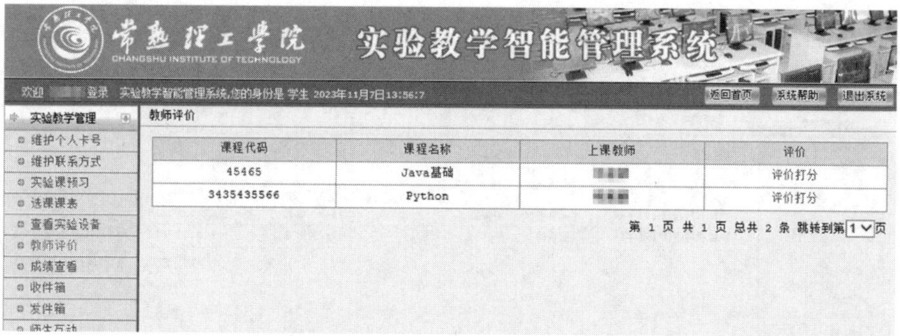

图 4.6.5　教师评价界面

（7）成绩查看：该界面下学生可以查看个人成绩，如图 4.6.6 所示。

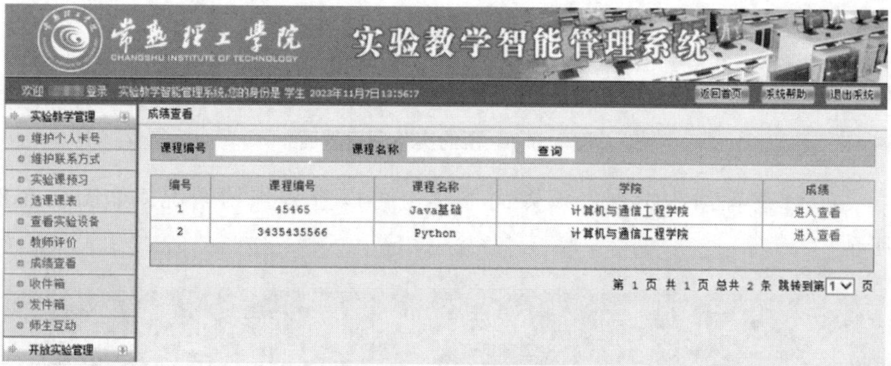

图 4.6.6　成绩查看界面

（8）收件箱。

（9）发件箱。

（10）师生互动。

4.6.2　开放实验管理

（1）预约实验项目：学生选择教师后，即可提交预约，如图 4.6.7 所示。

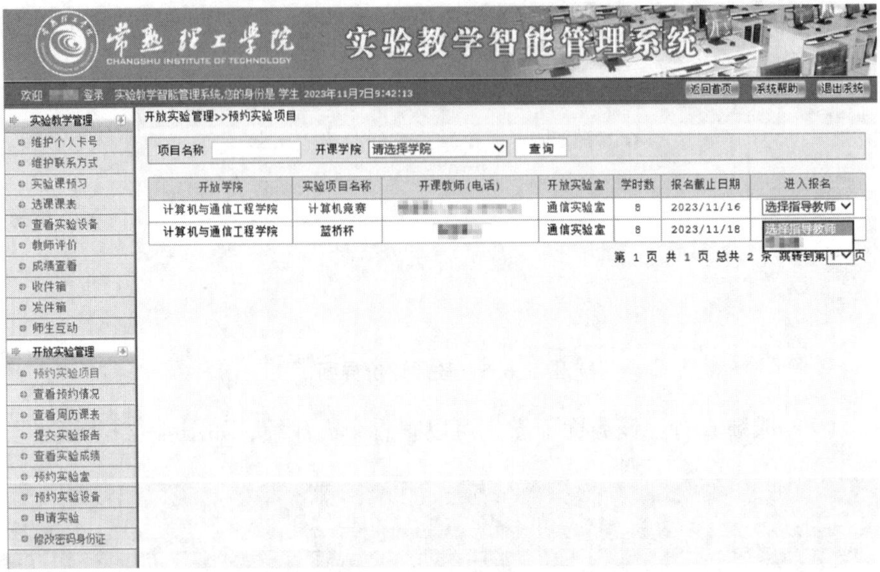

图 4.6.7　预约实验项目界面

(2) 查看预约情况：该界面下学生可以查看预约情况，如图 4.6.8 所示。

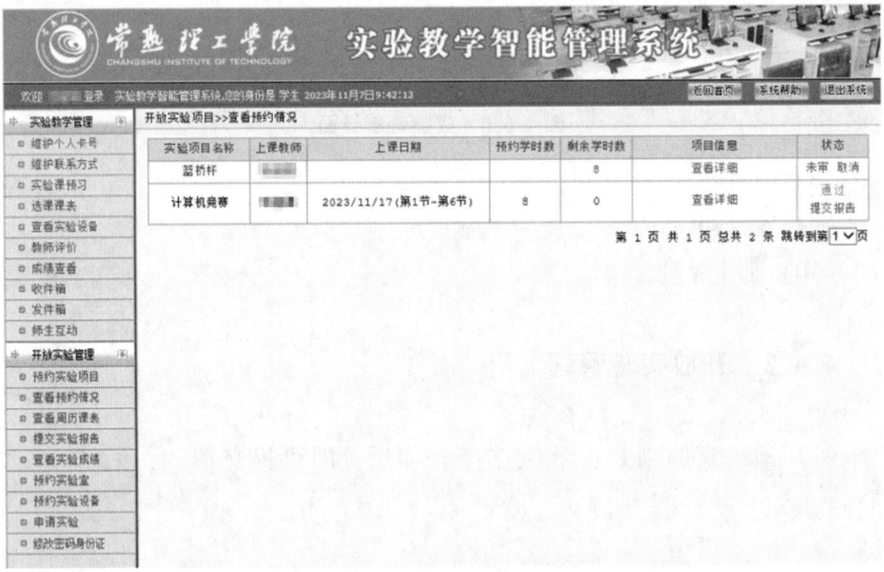

图 4.6.8　查看预约情况界面

(3) 查看周历课表：该界面下学生可以查看周历课表，如图 4.6.9 所示。

图 4.6.9　查看周历课表界面

(4) 提交实验报告：该界面下学生可以提交实验报告，如图 4.6.10 所示。

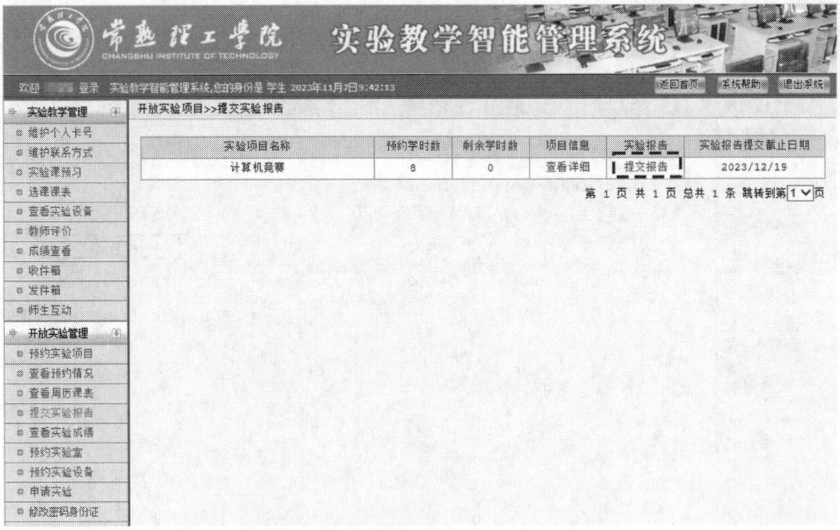

图 4.6.10　提交实验报告界面

（5）查看实验成绩。

（6）预约实验室：该界面下学生可以查看、预约实验室，如图 4. 6. 11 所示。

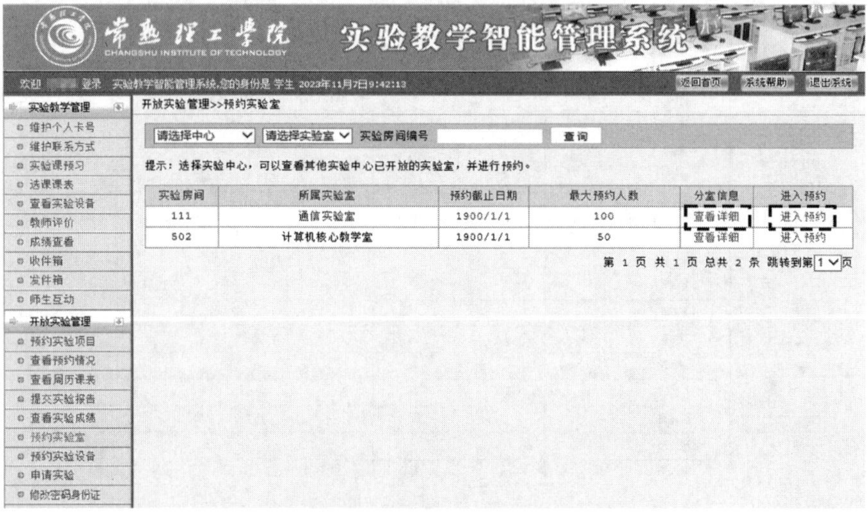

图 4. 6. 11　预约实验室界面

（7）预约实验设备：该界面下学生可以查看、预约实验设备，如图 4. 6. 12 所示。

图 4. 6. 12　预约实验设备界面

（8）申请实验：该界面下学生可以申请实验设备做实验，如图 4.6.13 所示。

图 4.6.13　申请实验界面

（9）修改密码身份证：该界面下学生可以修改密码、身份证号，如图 4.6.14 所示。

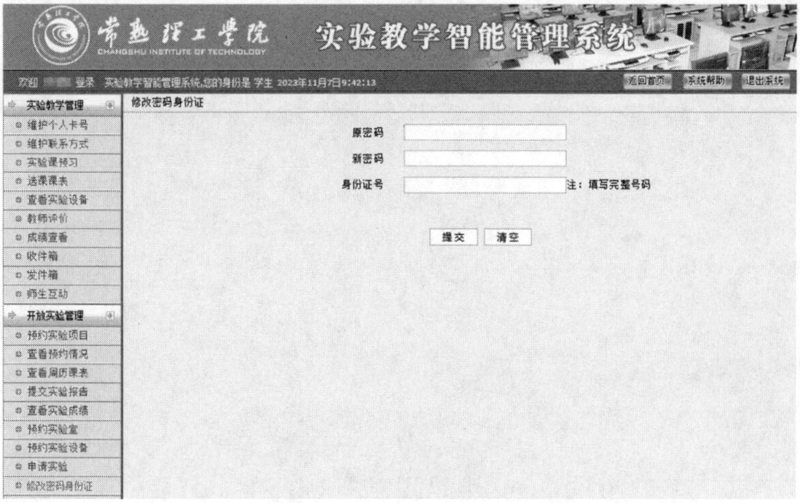

图 4.6.14　修改密码身份证界面

第 5 章

实习实践总结

当实习工作接近尾声时，学生就要开始着手实习实践总结工作。实习实践总结包括整理实习日记、撰写实习手册和实习报告，填写实习成绩考核表，并积极同实习单位及校内指导教师（班主任）沟通，由实习单位和指导教师填写相关考评意见，最后由所在院系评定实习成绩。值得注意的是，如实习成绩考核不及格者或因特殊原因未经批准不参加实习者，学习期满时按结业处理，不颁发毕业证书。因此，学生必须在规定的时间内完成实习实践总结的相关事宜。下面将从实习考核要求，综合表现考核，实习日记、实习总结与实习报告考核，实习总结注意事项等方面来介绍实习实践总结工作。

5.1 实习考核要求

实习考核，遵循过程评价与目标考核相结合的原则，既注意对学生实习成果进行科学的评价，又重视对学生实习过程进行评价。因此，实习考核采用综合成绩评定方式，以百分制加权方式进行计算，具体公式如下：

实习成绩综合评定=实习态度与思想表现×10%+纪律表现×10%+解决问题与动手能力×40%+实习日记与实习总结成绩×20%+实习报告成绩×20%。

其中，实习态度与思想表现、纪律表现、解决问题与动手能力这三部分主要依据学生在整个实习过程中的综合表现，结合实习单位和指导教师的指导意见进行成绩考评。实习日记与实习总结均涵盖在《学生校外实习手册》内。实习日记考核根据学生每周记录的实习工作情况来考评，实习总结和实习报告则由学生在实习结束时撰写并由指导教师负责评阅。具体评分标准参见表5.1.1。

表5.1.1 实习成绩综合评定评分标准

评定内容	所占百分比	评分标准	得分
实习态度与思想表现	10%	实习目的明确，态度端正；尊重实习单位领导与同事、指导教师，虚心向他们学习；在实习工作中能互相学习、取长补短、团结协作、助人为乐，团队精神好	
纪律表现	10%	自觉遵守学院和实习单位的各项规章制度；实习期间严格遵守实习单位的作息制度，出勤正常，无旷课现象	
解决问题与动手能力	40%	熟练运用所学专业知识发现、分析和解决实际问题，做到理论联系实际；熟练掌握基本技能，各项操作正确和熟练，动手能力强	

续表

评定内容	所占百分比	评分标准	得分
实习日记与实习总结	20%	坚持写实习日记，实习工作记载认真、翔实，能反映实习工作情况；实习作业完成良好；实习总结全面、客观，对实习中存在的问题有较深刻的认识	
实习报告	20%	实习报告内容全面、系统，并能运用所学理论知识对某些理论或工作中的实际问题加以分析	
合计			

实习结束后一周内，由系实习领导小组召集全体指导教师对实习单位的评分进行复评，最后由系实习领导小组综合平衡，确定学生的实习成绩，并向全体学生公布。如实习成绩不合格者或因特殊原因未经批准不参加实习者，学习期满时按结业处理，颁发结业证书。工作一年内（半年以上）经所在工作单位鉴定，合格者再换发毕业证书。

5.2 综合表现考核

综合表现考核包括实习态度与思想表现、纪律表现、解决问题与动手能力三部分，根据学生在整个实习过程中的各项表现，由实习单位指导教师和学校指导教师给出综合考评成绩。具体考核细则参见表 5. 2. 1。

表 5. 2. 1　综合表现考核细则

实习态度与思想表现	纪律表现	解决问题与动手能力	成绩评定
尊重他人，虚心接受指导教师和实习单位的指导，服从安排，谦虚好学，积极、出色地完成各项实习任务	严格遵守学校相关实习守则和实习单位的规章制度；不迟到，不早退，无事假	积极认真地做好实习工作，刻苦钻研实习业务，善于将专业理论知识用于解决实际问题，努力克服实习中的困难，获得实习单位的一致好评	优秀

续表

实习态度与思想表现	纪律表现	解决问题与动手能力	成绩评定
尊重他人，虚心接受指导教师和实习单位的指导，服从安排，团队合作意识强，认真完成各项实习任务	自觉遵守学校相关实习守则和实习单位的规章制度；不迟到，不早退，事假不超过1次	认真做好实习工作，熟练掌握实习业务，能够将理论和实践相结合，获得实习单位的一致认可	良好
尊重他人，服从实习安排，态度良好，按时完成各项实习任务	遵守学校相关实习守则和实习单位的规章制度；迟到、早退不超过3次，事假不超过2次	按时完成各项实习工作，熟悉实习业务，获得实习单位的认可	中等
基本服从实习安排，态度端正，在规定时间内基本完成实习任务	遵守学校相关实习守则和实习单位的规章制度；迟到、早退不超过6次，事假不超过3次	基本完成各项实习工作，了解实习业务，基本获得实习单位的认可	及格
不服从实习安排，在规定时间内没有完成各项实习任务	不遵守学校相关实习守则和实习单位的规章制度；迟到、早退超过6次，事假超过3次	未完成各项实习工作，不了解实习业务，没有获得实习单位的认可	不及格

5.3 实习日记、实习总结与实习报告考核

5.3.1 实习日记考核

实习日记，就是每周记录自己实训实习的点滴，包括实习的日期、地点、内容、掌握的情况、发现的问题、心得等。指导教师应在实习计划中明确要求每名学生在实习期间坚持写实习日记，每周总结一次并将其记录在《学生校外实习手册》中的“实习日记”部分，待实习结束后一起上交。

学校将根据每周一次的实习工作记载情况来评定学生实习日记的成绩。每篇实习日记的具体要求如下。

① 注明实习周次、日期、星期、实习地点、实习内容、掌握的情况、发现的问题、实习心得、实习要求等。

② 坚持写实习日记，实习工作记载认真、翔实，能反映实习工作进展状况。

具体考核细则参见表 5. 3. 1。

表 5. 3. 1　实习日记考核细则

实习日记考核细则	成绩评定
记录全面完整，内容翔实，表达流畅清晰，如实反映实习工作进展状况	优秀
记录完整，内容真实具体，表达清晰，反映实习工作进展状况	良好
记录较完整，内容较真实具体，表达较清晰，反映实习工作进展状况	中等
记录基本完整，内容不真实具体，表达基本清晰，基本反映实习工作进展状况	及格

5. 3. 2　实习总结考核

实习总结，就是把整个实习情况进行一次全面系统的总检查、总分析、总研究，分析成绩、不足、经验等，将已经做过的实习工作进行全面的归纳整理。实习总结的撰写要求如下。

① 语句表达通顺、流畅，层次结构合理，不得抄袭。

② 总结必须有情况的概述和叙述，有的比较简单，有的比较详细。这部分内容主要是对实习工作的主客观条件、有利和不利条件，以及实习工作的环境和基础等进行分析。

③ 总结必须包括取得的成绩和存在的问题。总结的目的就是要肯定成绩，找出问题。成绩有哪些、有多大、表现在哪些方面、是怎样取得的，有多少、表现在哪些方面、是什么性质的、是怎样产生的，都应讲清楚。

④ 总结必须指出经验和教训。只要做过事情，总会产生经验和教训。为便于今后工作的开展，须对以往实习工作的经验和教训进行分析、研究、

概括、集中。

具体考核细则参见表5.3.2。

表5.3.2 实习总结考核细则

实习总结考核细则	成绩评定
总结全面客观，问题分析详尽，表达流畅清晰，层次结构合理	优秀
总结全面客观，问题分析具体，表达清楚，层次结构合理	良好
总结较全面客观，问题分析较具体，表达较清晰，层次结构较合理	中等
总结基本全面客观，问题分析基本具体，表达基本清晰，层次结构基本合理	及格
总结不全面、不客观，问题分析不具体，表达不清晰，层次结构不合理	不及格

5.3.3 实习报告考核

实习报告是学生实习成果的反映，是学生在大学期间将理论学习和实践锻炼相结合的关键环节。通过实习报告的撰写，学生可以不断提高自身的理论联系实际、分析问题、解决问题、独立思考和工作的能力。实习报告的撰写要求如下。

① 实习报告的主体部分包括实习目的、实习单位及岗位介绍、实习内容、实习体会与建议、致谢等几部分。

② 实习目的应涵盖实习在整个大学生涯中的地位和作用、与就业岗位的关系如何、应以怎样的态度去面对和进行实习等。

③ 有关实习单位的概况介绍应包括对实习单位的地理位置、规模、产品概况、管理概况、人才需求情况、目前行业发展地位、与专业相关的岗位概况、设施设备等的介绍。

④ 实习内容应重点描述自己到该实习单位实习主要从事什么样的岗位，此岗位的工作流程和单据有哪些，需要的专业知识和技术有哪些，初期经历了怎样的实习过程及被安排了哪些实习内容，怎样将学校所学的理论知识应用到实际工作中去，最后又获得了哪些新技能，等等。

⑤ 实习体会与建议部分应总结在实习过程中，通过具体工作和实习日记的记录，自己取得了哪些成绩、存在哪些问题，或者发现该实习单位或

岗位存在哪些问题，最后针对自己能解决的问题提出可行化建议和自我体会。

⑥ 致谢部分主要感谢在此次实习过程中和实习报告撰写过程中帮助过自己的同学、教师、朋友或家人等。

⑦ 实习报告内容要全面系统，要有独立见解，要理论联系实际、重点突出、条理清晰，字数不少于 3000 字。

具体考核细则参见表 5.3.3。

表 5.3.3　实习报告考核细则

实习报告考核细则	成绩评定
内容全面、系统，表达具体而又重点突出，条理清晰，善于运用所学理论知识对某些理论或工程中的实际问题加以深入分析，见解独到	优秀
内容全面、系统，表达具体，条理清晰，并能运用所学理论知识对某些理论或工程中的实际问题加以分析	良好
内容较全面、系统，表达较具体，条理较清晰，能理论联系实际，问题分析不够深入、具体	中等
内容基本全面、系统，表达基本具体，层次结构基本合理，能理论联系实际，但问题分析不深入、不具体	及格
内容不全面、不系统，表达不具体，层次结构不合理，没有理论联系实际，问题分析不具体、不深入	不及格

5.4　实习总结注意事项

5.4.1　《学生校外实习手册》填写注意事项

在步入实习岗位之前，学校会给每名学生配发一本《学生校外实习手册》。《学生校外实习手册》中的实习日记、实习总结等是评定实习成绩的依据之一。学生在填写《学生校外实习手册》时必须做到书写认真、内容翔实。相关注意事项包括以下几个方面。

①“实习日记”部分由学生填写，如实记录下实习内容及实习心得，每周做一次工作小结。

②“实习总结”部分由学生在实习结束时撰写，实习期结束的 1 周内必须按期上交给所在院系。

③“实习成绩考核表”中的姓名、性别、专业班级、实习单位和实习时间等相关信息由学生在实习结束时填写，其中，“实习单位指导教师评语”和“实习单位意见”两栏由学生所在的实习单位填写。学生要在实习期结束的 1 周内将填好上述信息的表格交到班主任手中，由班主任负责填写“学校指导教师评语”一栏，再上交给所在院系，最后由院系实习领导小组给出“学院意见”和考核成绩。

5.4.2　与实习单位沟通事宜

实习期满，学生在离开实习单位之前，一定要提前告知实习单位，办好相关工作的交接手续，未经批准切不可擅自离岗，具体注意事项如下。

① 尊重实习单位的各项规章制度，要提前告知实习单位实习结束日期，并按规定办理交接手续，做到文明离岗。

② 积极同实习单位沟通，真诚表达自己在实习期间的一些工作体会、建议和想法，并及时向实习单位的相关领导和同事表示诚挚的谢意。

③ 按期向实习单位提交“实习成绩考核表”，由实习单位填写“实习单位指导教师评语”和“实习单位意见”两栏内容，并加盖实习单位公章，否则将做无效处理。

5.4.3　与班主任沟通事宜

班主任作为学生实习的校内指导教师，负责全程指导、监督及考核学生实习。因此，学生无论是在实习前、实习中还是实习后都要同班主任保持沟通，服从班主任的安排，遇到问题更要积极同班主任沟通。在实习总结过程中，学生需要同班主任沟通如下具体事宜。

① 按时返校并及时向班主任汇报实习成果，按要求提交《学生校外实习手册》。

② 学生在实习考核期间不得擅自离校，必须同班主任保持沟通，以便遇到提交资料不齐全或考核不合格的情况时，能及时补交相关材料，否则将影响实习成绩的评定。

第 6 章

大学生创业初探

引导案例

赵宏丽：赵宏丽是中南大学湘雅医学院药学专业 2018 级本科生，她在大学期间积极参与创新创业活动。她带领团队研发了“花形乳糖载抗病毒药物的抗新冠肺炎的干粉吸入剂”，获得国家级立项。她还自主研发了一种改良的单冲压片机，获得国家专利。2020 年，赵宏丽正式创业，成立了湖南致雅生物科技有限公司，获得了市场投资的青睐。

杨明平：杨明平是超级课堂的联合创始人，也是连续创业者。他在大学期间接手了一家川菜馆，并成功将其发展为一家年营业额达 200 多万元的火锅店。之后，他踏入在线教育领域，创建了超级课堂，为中小学学生提供网络互动学习课程。

舒义：舒义在 19 岁时就开始创业，是国内最早的 Web 2.0 创业者之一。他创办了多个项目，包括国内第一批博客网站 Blogku 和 Bolgmedia，以及一个高校 SNS（Social Networking Service，社会性网络服务）和一家校园电子商务公司。之后，他创办的成都力美互动广告有限公司和北京力美广告有限公司，成为国内领先的移动营销解决方案公司。

王学集：王学集在大学期间与同学一起创业，发布了 phpwind 论坛程序，并成立了杭州德天信息技术有限公司。phpwind 成为国内领先的社区软件与方案供应商，并在 2008 年被阿里巴巴收购。

黄一孟：黄一孟是电驴（VeryCD）和心动游戏的创始人。他在大学期间创办了电驴——一个资源分享网站，并在之后成立了心动游戏，年收入达到 10 亿元。

朱敏：朱敏是浙江大学毕业生。他在 43 岁时选择创业，创办了未来实验室（Future Labs），从事工业系统控制软件开发工作。之后，他创办了赛伯乐（中国）创业投资管理有限公司，累计管理基金达 2000 亿元，并先后投资了多家成功上市的企业。

王兴：王兴是人人网、饭否网和美团的创始人。他在大学毕业后没有丰富的职业履历就开始创业，先后打造了多个成功的互联网项目。美团现稳居行业前三。

戴志康：戴志康是康盛创想（北京）科技有限公司的创始人。他在大学期间创办的“Discuz!”开源模板，成为中国最成功的建站开源模板之一，并在2010年被腾讯收购。

这些案例展示了大学生通过创新和创业实现成功的多种路径和可能性。

就大学生主体行为而言，创业实践是一个具体而客观的存在，创业方法不仅可教而且可学，但并不意味着掌握了创业方法就能成功创业，就好比掌握了科学研究方法并不意味着就能成为科学家一样。创业方法的掌握是一个反复实践的过程，不可能一蹴而就，学生必须参与实践，但实践则不一定采用创办企业的方式。基于此，“创业学”和创业实践技能训练就显得极为重要。

本章从创业的内涵、创业教育的内涵入手，着重介绍了创业的基本环节。学生可以从本章的理论和实践知识中学习、体验进入创业过程必须具备的条件及应该掌握的有关知识与技能，从而按照自己的创业条件和所选择的项目制订自己的创业计划和行动计划，步上创业之路。

6.1 创业的内涵

学者和实践者有关创业相关内容的研究成果非常丰富，可谓仁者见仁、智者见智。研究成果既有整体的系统性研究，也有专注于某一方面或某个领域的侧重性研究；既有理论研究，也有实证分析。本节基于学者和实践者关于创业的研究成果，着重阐释创业的概念、创业的特点、创业的发展历程、大学生创业的基本能力、大学生认识创业的主要途径等。

6.1.1　创业的概念

创业是指某个人发现某种信息、资源、机会或掌握某种技术，利用或借用相应的平台或载体，将其发现的信息、资源、机会或掌握的技术，以一定的方式，转化、创造成更多的财富和价值，并实现某种追求或目标的过程。

然而，什么是创业？在创业界有不同的看法。一些专家学者认为，创业是一个发现和捕捉机会并由此创造出新颖的产品或服务和实现其潜在价值的复杂过程。创业要投入时间和付出努力，承担相应的财务风险、精神风险和社会风险，并获得金钱的回报、个人的满足和独立自主的能力。霍华德·H. 斯蒂芬认为，创业是一种管理方式，即对机会的追踪和捕获的过程，这一过程与其当时控制的资源无关。他进一步指出，创业可从以下七个方面的企业经营活动来理解：发现机会、战略导向、致力于机会、资源配置过程、资源控制的概念、管理的概念和回报政策。杰弗里·A. 蒂蒙斯则认为，创业是一种思考、推理和行为方式，这种行为方式是机会驱动、注重方法和与领导相平衡；创业导致价值的产生、增加、实现和更新，不只是为所有者，也为所有参与者和利益相关者。

美国学者帕尔特·蒂·维罗斯教授把创业概念贯穿到从人们创业意识产生之前到企业成长的全过程。他认为，创业应该分为四个阶段：第一，未成年；第二，创业行动开始之前；第三，开始创办企业；第四，企业成长。

未成年，即创业意识萌芽阶段，创业者心里有创业的冲动，只是还没有找到合适的机会。当机会出现后，创业者的创业欲望增强，开始进行各种准备活动，这便进入了第二个阶段。第三阶段，创业者或独自或组建创业团队，开始进行市场调研，拟订创业方案，融资，注册登记，建厂生产，提高产品或者服务质量。最后，企业进入发展期，这既是进入第四阶段也是进入第二次创业阶段。

创业有狭义和广义之分。狭义的创业是指创业者的生产经营活动，主要是开创个体和家庭的小业。广义的创业是指创业者的各项创业实践活动，其功能指向是成就国家、集体和群体的大业。

综上所述，创业是一个人们发现和捕捉机会并由此创造出新颖的产品或服务和实现其潜在价值的复杂过程，即从创业意识产生之前到企业成长的全过程。

6.1.2 创业的特点

创业是一种劳动方式，是一种需要创业者组织和运用服务、技术、器物作业来思考、推理、判断的行为。

创业亦是一种将创意转化为商业机会并建立新企业的过程。创业的主要特点包括以下几个方面。

1. 创新性

创业通常涉及新产品、新服务或新商业模式的开发。创新是创业的核心驱动力。

2. 风险性

创业具有高风险性，因为新企业面临市场不确定、资金短缺、管理挑战等多种风险。

3. 机会导向

创业者善于识别和抓住市场机会，能够发现未被满足的需求或市场空白。

4. 资源整合

创业需要整合各种资源，包括资金、人力、技术和市场资源，以推动企业的发展。

5. 灵活性和适应性

创业企业通常较小，能够快速响应市场变化和客户需求，具有较高的灵活性和适应性。

6. 成长导向

创业企业通常具有明确的成长目标，追求快速扩展和市场份额的增加。

7. 独立性

创业者通常享有较高的自主权和决策权，能够按照自己的愿景和策略运营企业。

8. 团队合作

尽管创业者个人的作用很大，但成功的创业往往依赖于一个高效、合作的团队。

9. 社会影响

创业不仅能带来经济效益，还能创造就业机会，推动技术进步和社会发展。

10. 持续学习和改进

创业者需要不断学习和改进，以应对市场变化和竞争压力，保持企业的竞争力。

创业是一条充满挑战和机遇的道路，需要创业者具备坚韧不拔的精神、敏锐的市场洞察力和强大的执行力。

6.1.3　创业的发展历程

创业是一项充满挑战和机遇的活动，是创业者从一个创意或概念开始，逐步建成一个成功的企业的过程。以下是创业发展的几个关键阶段。

1. 创意阶段

（1）识别机会：寻找市场中的“痛点”或未满足的需求。

（2）创意生成：提出解决这些“痛点”的创新想法。

（3）市场调研：验证创意的可行性，了解目标市场和竞争对手。

2. 计划阶段

（1）商业计划书撰写：撰写详细的商业计划书，包括市场分析、营销策略、财务预测等。

（2）团队组建：寻找合适的合作伙伴和团队成员，确保团队具备必要的技能和经验。

（3）资源筹集：通过自筹资金、天使投资、风险投资等方式获取启动资金。

3. 启动阶段

（1）产品开发：设计和开发最小可行产品（Minimum Viable Product, MVP），进行初步测试和迭代。

（2）市场推广：制定并实施市场推广策略，吸引早期用户和客户。

（3）遵守法律法规：注册公司，确保符合相关法律法规，保护知识产权。

4. 成长阶段

（1）扩大市场：根据市场反馈不断改进产品，扩大市场份额。

（2）优化运营：提高运营效率，降低成本，优化供应链和客户服务。

（3）融资扩展：在需要时进行后续融资，支持业务扩展和规模化。

5. 成熟阶段

（1）稳定增长：实现稳定的收入和利润增长，建立品牌知名度和客户忠诚度。

（2）多元化发展：探索新的市场和产品线，分散风险，增加收入来源。

（3）持续创新：保持创新能力，持续改进产品和服务，适应市场变化。

6. 退出阶段

（1）上市：通过首次公开募股（Initial Public Offering，IPO）将公司上市，获取更多资金和市场认可。

（2）并购：被其他公司收购或与其他公司合并，实现股东价值最大化。

（3）传承：将公司传承给下一代或管理团队，确保企业的长期发展。

当然，企业发展也需要一些关键因素的配合，如此才能获得成功。这些关键因素包括以下几点。

① 创新能力：持续创新是企业保持竞争力的关键。

② 市场适应性：快速响应市场变化和客户需求。

③ 团队合作：一个强大而有凝聚力的团队是企业成功的基石。

④ 财务管理：有效的财务管理和资金规划能确保企业健康运营。

⑤ 客户关系：建立和维护良好的客户关系，提高客户满意度和忠诚度。

创业者在创业过程中还须留意一些风险因素，避免其对企业产生不利影响。这些风险因素包括以下几点。

① 市场风险：主要表现为市场需求发生变化、竞争加剧等。

② 资金风险：主要表现为资金不足、现金流问题等。

③ 运营风险：主要表现为供应链中断、管理不善等。

④ 法律风险：主要表现为法律纠纷、违规问题等。

有关大学生创业的风险内容，将在“6.1.6　大学生创业的风险管控”一节详细阐述。

创业是一条充满挑战的道路，但通过科学的规划、坚定的执行和持续的创新，创业者可以将创意转化为成功的企业，实现自己的梦想。

6.1.4　大学生创业的基本能力

1. 自我认知及科学规划能力

这一点对年轻人来说，是不容易实现的。尤其是大学生，刚出校门，对社会和自己的认识还非常有限。要想清楚地知道自己以后的发展方向，仅靠苦思冥想是找不到答案的。最好的办法就是通过观察别人，征求过来人的意见，再结合自己的实际情况制定一些小的目标，通过确定和实现这些小目标，再慢慢地开始规划自己的人生。

在创业过程当中，要经常性地提前计划或规划一些事情。在制订计划的时候一定要综合各种因素，形成切实可行的动作分解，要将任何可能的细节都考虑在内。而在实施的过程当中，要针对当下的具体情况进行，及时做调整。运营需要强有力的计划管理能力，只有具备这一能力才能让自己更靠近成功创业之门。

2. 胆识和魄力

创业者，是团队的灵魂。团队运营后会面临各种各样的决策，创业者的一举一动都左右着创业的发展走向。前期创业者可能会广泛地征求亲朋好友的建议，一旦独立自主后，就必须通过自己的智慧和胆识去决定大小事务。自主决策时，谨慎是必不可少的，但若过于优柔寡断则可能会失去一个绝佳的商业机会。同时，决策的胆识和魄力一定要建立在深思熟虑的基础之上，既要选择风险小的项目，又要兼顾利益的最大化。

3. 团队管理、信息管理、目标管理的能力

创业者在创业时，需要制定各种制度。制度不在于多，而在于是否能让所有相关人员都明白其中的道理，并且严格执行。创业者需要针对自己团队的实际情况建立各种有效的管理制度，包括员工管理与培训、绩效考核等。同时，针对市场的不断发展变化而改进相应制度，只有这样才能够让创业者及其团队立于不败之地，拥有发展的主动权。在此想提醒大学生创业者，在制定和改进管理制度的时候，一定要基于客观事实，不要想当然，要极力保证制度的可实施性。

创业者每天都会通过不同渠道接触各种信息，如竞争对手又降价了，厂家又有新政策，等等。如何从大量的信息里筛选与自己相关的，再从与自己相关的信息里找到有效的，这需要长时间的锻炼。只有掌握了正确、有效的信息才能促使各项工作有序开展。对于大学生创业者而言，由于缺乏大量的社会实践经验，因此在接触各种信息的时候，难免会失之偏颇地做一些决定。当大家对信息无所适从的时候，可以向过来人请教，从而加以甄别。要在观察和请教别人的过程当中，不断提高自身管理信息的能力。

创业必须有明确的目的性。在不同创业阶段须制定明确的目标，把目标进行细致分解。一个团队要想得到长远发展，就必须制定长远的发展目标。而长远的发展目标又可以按阶段分解成不同的小目标，这些小目标又可以分解给每个相关人员。在这个过程当中，创业主导者需要对不同的目标进行统筹和管理。

4. 谈判能力

在创业者人际交往过程当中，与人谈判的情况必不可少。谈判对创业者的要求是综合与全面的，需要创业者有一定的语言表达能力、心理分析能力、人文素养等。创业者要想在谈判中占得主动地位，必须具备很强的谈判能力。杰出的谈判能力能够让创业者在谈判过程当中直接获得更多的利益。

5. 处理突发事件的能力

在创业过程当中，会不可避免地发生一些突发事件，虽然这些突发事件中的很大部分都是创业者想避免的。然而，当事情发生的时候，需要创业者更为积极地应对。如果这些事情发生在创业者身上，处理得当的话，还能起到打广告的效果。“好事不出门，坏事传千里”，任何一个突发的事件，只要处理得不当或不合时宜，就会使自己的形象一落千丈。创业者要处理好每次的突发事件，让自己化险为夷，甚至通过这些事件的妥善解决，让消费者更加认同本企业，再借由消费者之口，不断传播好口碑。

6. 学习能力

现代社会创业者要想不断地取得成功，必须具备持续的学习能力。市场和行业的竞争日益激烈，大到一个企业，小到个人，要想力争上游，那就必须比竞争对手更快地掌握更多的知识，通过不断的学习使自己处于不败之地。对于大学生创业者而言，除了书本的理论知识外，更要重视培养其他方面的综合能力。

7. 社会交往能力

良好的人际关系，不仅能给人带来快乐，还能助人走向成功。大学生创业者在创业后必将接触到不同类型、不同身份的人，而接触到的人大多是跟自己的利益相关的。所以，大学生创业者从创业之初就要学会跟各种人打交道，要尽可能地去结交人脉，认识朋友，舍得给自己投资。在与前辈们的交流和学习当中不断认识自己的不足，有针对性地加以完善。

8. 保持身心健康

创业者经常是要与孤独和挫折为伴的，绝大多数的创业过程不是一帆风顺的。时下流行一个词，叫“逆商”，即人适应逆境的能力。创业者如何保持乐观而稳定的心态，需要在长时间的历练中找到方法。而大学生创业者一般都比较心高气傲，有着强烈的自尊。建议刚毕业的大学生创业者要放低姿态，平静地去接受一切可能的打击。同样，在得意时，也要避免产生骄傲的情绪，切不可沾沾自喜、妄自尊大。

身体是革命的本钱，创业者只有身体健康才能够毫无顾虑地打拼和奋斗。为事业拼搏而废寝忘食的精神非常值得肯定，但是终究不能视为常态。大抵年轻的创业者都精力旺盛，一旦投入工作中很难自拔。在创业的过程当中一定要注意劳逸结合，切莫因为太拼而让自己的身体“亮起红灯”。

6.1.5 大学生认识创业的主要途径

1. 学校学习

大学生创业者通过课堂学习能拥有过硬的专业知识，在创业过程中将受益无穷；大学图书馆通常能找到创业指导方面的报刊和图书，广泛阅读能增加大学生创业者对创业市场的认识；大学社团活动能锻炼大学生创业者的各种综合能力，这些综合能力是创业者积累经验必不可少的。

2. 媒体资讯

一是纸质媒体，人才类、经济类报刊是首要选择。例如，比较专业的《21世纪人才报》《21世纪经济报道》《IT经理世界》。

二是网络媒体，管理类、人才类、专业创业类网站是必要选择。例如，中华英才网、中华创业网、中国国家人才网等。此外，从各地创业中心、创新服务中心、大学生科技园、留学生创业园、科技信息中心、知名的民营企业的网站等上都可以学到创业知识。

3. 与人交流

商业活动无处不在。大学生创业者可以在生活中，找有创业经验的亲朋好友交流。在他们那里，大学生创业者将得到最直接的创业技巧与经验，有时候这比看书收获得更多。大学生创业者甚至还可以通过电子邮件和电话拜访其崇拜的商界人士，或咨询与创业项目密切联系的商业团体。

4. "曲线" 创业

先就业再创业是时下很多学生的选择。毕业后，由于各方面阅历和经验都不够，有创业想法的大学生若能到实体单位锻炼几年，等积累了一定的知识和经验再创业也不迟。先就业再创业的学生所开发的创业项目通常也是在过去的工作中密切接触的。而在准备创业的过程中，大学生创业者可以利用与专业人士交流的机会获得更多的来自市场的创业知识。

5. 模拟创业实践

真正的创业实践开始于创业意识萌发之时。大学生参加模拟创业实践是认识创业、掌握创业知识的有效途径之一。

间接的模拟创业实践可借助参与学校举办的某些课程的角色性、情景性模拟来完成，例如，积极参加校内外举办的各类大学生创业大赛、工业设计大赛等；对知名企业家的成长经历、知名企业的经营案例开展系统研究等。

直接的模拟创业实践既可通过课余活动，如为大学校园各楼宇做饮水机清洗、消毒等有偿服务，假期在外的兼职打工、试开公司、试申请专利、试办著作权登记、试办商标申请等事项来完成；也可通过举办创意项目活动、创建电子商务网站等方式来完成。

6.1.6 大学生创业的风险管控

大学生创业者要认真分析自己在创业过程中可能会遇到哪些风险，包括这些风险中哪些是可控的、哪些是不可控的、哪些是需要极力避免的、哪些是"致命"的或不可管理的。一旦这些风险出现，大学生创业者应该如何应对和化解。特别需要注意的是，大学生创业者一定要明白最大的风险是什么、最大的损失会有多少、自己是否有能力承担并渡过难关。

创业于大学生而言是一项充满挑战和机遇的活动，但同时也伴随着各种风险。大学生创业过程中常见的风险及其管控措施包括以下几个方面。

一、常见的创业风险

1. 创业意识风险

（1）风险评估能力偏弱：由于社会阅历少，大学生创业者对现实情况认识不足，在创业机会的把握和项目的选择方面往往不能准确评估风险。

（2）风险决策能力偏弱：很多大学生创业者的创业源于成功案例的影响和媒体炒作，缺乏对自身创业能力的全面评估，导致决策不理性。

2. 项目风险

项目选择不当：大学生创业者在选择创业项目时，往往凭个人喜好或一时热情，缺乏市场调研，导致项目选择错误。

3. 资金风险

资金筹措和管理不足：大学生创业者通常缺乏足够的启动资金和资金管理经验，容易导致资金链断裂。

4. 市场风险

市场竞争激烈：大学生创业者创办的企业在市场上面临众多竞争对手，如何在激烈的市场竞争中站稳脚跟对大学生创业者来说是一个重大的挑战。

5. 法律风险

（1）组织架构风险：选择不当的创业组织形式可能导致大学生创业者承担过高的法律责任。

（2）知识产权风险：在产品研发过程中，大学生创业者可能会面临侵犯别人的知识产权侵权或被侵权的风险。

二、风险管控措施

1. 提高创业意识

（1）培养理性成熟的创业意识：高校应通过创业教育和实践活动，帮助大学生树立正确的创业观念和风险意识。

（2）加强创业文化建设：通过树立成功创业典型，传播健康创业观念，营造良好的创业氛围。

2. 科学选择创业项目

（1）前期须进行市场调研和论证：在选择创业项目时，大学生创业者应进行充分的市场调研和科学论证，避免盲目选择。

（2）选择技术含量高的项目：大学生创业者应尽量选择技术含量高、自主知识产权明确的项目，并在技术创新的基础上做好产品的市场化工作。

3. 有效管理资金

（1）建立财务风险防范机制：大学生创业者应建立科学的财务管理制度，进行财务预算和风险预测，并积极采取预防措施。

（2）利用政府优惠政策：大学生创业者要了解并利用国家和地方政府的创业优惠政策，如免费的创业培训、无偿资助和减免税费等。

4. 提升法律意识

（1）选择合适的组织形式：大学生创业者要根据自身情况选择适当的创业组织形式，避免承担过高的法律责任。

（2）保护知识产权：在产品研发过程中，大学生创业者要注意保护自己的知识产权，避免侵权行为。

5. 加强团队建设

组建稳定的创业团队：选择有经验的创业者和具有相同创业兴趣的成员，建立合理的利益分配机制，保持团队的稳定性。

通过以上措施，大学生创业者可以有效管控创业过程中可能遇到的各种风险，提高创业的成功率。

6.2 创业教育的内涵

6.2.1 何为“创业教育”？

创业教育，从广义上来说是培养具有开创性的个人，这类人应具有首创冒险精神、创业能力、独立工作能力及技术、社交和管理技能。对于创业教育内涵的认识，应包括以下几点：

① 创业教育首先是一个面向未来的教育思想和观念，是知识教育、素质教育、创新教育逻辑发展的必然结果，它指明了高等教育改革和发展的方向。

② 创业教育不是一个独立的教育体系，它既是对传统的适应性、守成性、专业性教育的改造和延伸，也是对基础教育、职业教育和继续教育三大教育体系的交叉整合，还是对知识教育、能力教育和情感教育的全面整合。

③ 高校创业教育以培养学生的基本创业素质与能力为主要目标和任务。尤其注重培养学生“白手起家”创办小企业的精神和能力，务求使更多的谋职者变成职业岗位的创造者。

④ 创业教育特别强调学生的学习与做事的高度统一，强调培养人的“三自”精神，即自学、自教和自做。

⑤ 创业教育具有实践性、多样性、开放性等特点。创业教育更加强调要贴合现实社会、经济、文化的发展需要，要适应从自然人到社会人再到创业人的社会发展需要；创业教育在课程体系建设中更加注重对实践活动课程的引入，更加注重教学与社会、教学与生产、教学与生活、教学与时代的紧密联系，以使学生成为真正意义上的实践主体、创造主体。创业教育的个性化特点更加突出，在教学过程中更加尊重教育主客体在教育内容、学习时间和学习空间上的自由选择，更加强调通过开放的办学模式、多样化的教育方式，整合校内外、课内外教学资源。

⑥ 创业教育更加注重培养人的创新能力。对大学生进行创新教育最基本的目的就是要使大学生懂得发挥个人的创造潜能，实现个人价值。

创新和创业是相辅相成、无法割裂的关系。创新是创业的手段和基础，创业是创新的载体。创业者只有通过创新，才能使所开拓的事业得到发展并拥有持久的生命力。

大学生创业者更需要有创新意识、创新思维、创新技能、创新品质，如此才能在严酷的市场环境下开辟出创业之路。可以说，创新是创业者成功创业的核心。但是，仅仅具备创新精神是远远不够的，创新仅为成功创业提供了可能性和必要准备。

6.2.2　典型国家的创业教育

创业教育在全球范围内得到了广泛的关注和发展。以下是几个典型国家在创业教育方面的特点和做法。

1. 中国

中国政府高度重视创新创业教育，出台了一系列政策和措施来推动高校创新创业教育的发展。例如，2015 年 5 月，国务院办公厅发布了《关于深化高等学校创新创业教育改革的实施意见》，该意见提出了一整套任务措施，包括完善人才培养质量标准、创新人才培养机制、健全创新创业教育课程体系等。此外，教育部还建设了多个国家级创新创业教育实践基地，推动高校创新创业教育改革走向深入。

2. 美国

美国的创业教育起步较早，已经形成了较为完善的体系。许多高校设有专门的创业学院或创业中心，为学生提供丰富的课程和实践机会。例如，斯坦福大学和麻省理工学院的创业教育项目在全球享有盛誉。这些项目不仅注重理论知识的传授，还强调实际操作和创业实践，鼓励学生通过创业竞赛、孵化器等平台将创意转化为现实。

3. 英国

英国的创业教育也具有较强的实践性。英国政府和高校通过各种方式支持学生创业，包括提供创业资金、创业培训和创业孵化器等。例如，剑桥大学和牛津大学等知名高校都设有创业中心，帮助学生将创新想法转化为商业项目。此外，英国政府还推出了“企业家移民签证”计划，吸引全球优秀的创业人才来英国创业。

4. 德国

德国的创业教育注重技术创新和工业应用。德国高校与企业之间的合作非常紧密，许多高校设有技术转移中心和创业孵化器，帮助学生将科研成果转化为商业项目。例如，慕尼黑工业大学和柏林工业大学等高校都设有专门的创业支持机构，提供从技术研发到市场推广的一站式服务。

5. 以色列

以色列被称为“创业国度”，其创业教育体系非常完善。以色列高校注重培养学生的创新思维和创业能力，为学生提供丰富的创业课程和实践机会。例如，以色列理工学院和特拉维夫大学等高校都设有创业中心，帮助学生孵化和推广创业项目。此外，以色列政府还提供各种创业支持政策，包括创业基金、税收优惠等，鼓励学生创业。

各国在创业教育方面都有其独特的优势和特点。中国注重政策引导和实践基地建设，美国强调理论与实践相结合，英国提供全面的创业支持，德国注重技术创新和工业应用，以色列则以其完善的创业生态系统著称。这些国家的经验为全球创业教育的发展提供了宝贵的借鉴。

6.3 创业的基本环节

创业的基本环节分为认识自我、创业构思、市场评估、人员管理、组织结构、法律责任、预测资金、利润计划、创业计划、开办企业等10个环节，本节对其进行了详细的分析和具体的操作说明。

6.3.1 认识自我

认识自我，即从企业创办者的角度分析自己是否具备创业者的潜力，以及是否具备成为一名创业者的素质和物质条件。首先，创业者需要有较强的心理素质。心理素质包括自我意识、性格、气质、情感等构成要素。良好的心理素质必须具备五点：一是自信心，二是独立性，三是坚韧性，四是果敢和理性，五是适应性。其次，创业者需要有良好的身体素质和道德素质。再次，要想成功创业，创业者就必须具备一系列的知识和技能，这主要表现为：其一，创业领域的商业经验；其二，创业领域的专业知识与技能；其三，企业经营管理方面的一些基本技能，包括财务技能、会计技能、营销和销售技能等。

那么，如果想成为一个成功的创业者，其还需要从哪些方面努力呢?更具体地说，创业者应问问自己是否明确了创业的动机，是否具备了风险承受能力、处理危机的能力、决策能力、适应企业需要的能力、谈判能力、经营管理能力等。创业者应该调整好心态，通过多途径的学习和培训，积极增强自己的创业能力。

在资源具备上，一般来说，创业者要符合两个条件：一是要有进入一个行业的起码的资源，二是要具备差异性资源。如果两个条件均不具备，创业成功的可能性就会变小。很多人在初次创业的时候，资源都是十分欠缺的，但至少应具备其中的一些重要条件，其他相对不太重要的条件则可以通过市场化方式来获取。当然，创业者如有足够的某类资源，其他相对欠缺的资源也可以在后期得到弥补。

6.3.2 创业构思

创业构思，即创业者想经营哪种类型的企业。创业者多选择自己熟悉的，或是非常感兴趣的。当然，这也要考虑自己能投入的创业资金数额。创业者需要对拟创办的企业有一个明确的想法，即有明确的创业构思。

1. 挖掘好的创业构思

常用的创业构思途径有两个：从生产专长出发和从顾客需求出发。有关创业构思的出发点举例，参见表 6.3.1。

表 6.3.1 有关创业构思的出发点举例

从生产专长出发	从顾客需求出发
我会做某种服装，而且我可以买一架缝纫机，所以我要办一家服装加工企业	人们需要某种价位和质量的服装，我有技术也有设备，因此我可以开个服装加工企业来满足他们的需求
我知道怎样做蛋糕，也有烤制设备，因此我可以考虑开一家面包房	很多家庭需要生日蛋糕，我会做这种蛋糕，因此我要开一家生日蛋糕店来满足他们的需求
我会修理计算机，因此我想开一家电脑修理行	我们镇上的企业维修电脑难，我知道怎样修理，因此我打算开一家电脑修理行

常见的挖掘创业构思的方法有头脑风暴法和市场调查法。创业者既可以依托行业经验或企业内部沟通，也可以进行市场调查或与咨询公司合作等。

2. 检验创业构思

创业者有了创业构思，但其经得起推敲吗？一个好的创业构思必须包含两个方面：一是必须有市场机会；二是必须具有利用机会的资源和能力。

SWOT 分析法，即态势分析法，20 世纪 80 年代初由美国旧金山大学的管理学教授韦里克提出。该分析法经常被用于检验创业构思的新颖性和可行性。SWOT 分析，包括分析企业优势（Strength）、劣势（Weakness）、机会（Opportunity）和威胁（Threats）。优势与劣势分析主要着眼于企业自身的实力及其与竞争对手的比较，机会和威胁分析则将注意力放在外部环境的变化及对企业的可能影响上。

经过 SWOT 分析法的分析，创业构思能否被实施，可能存在三种结果：

（1）构思经得起推敲，可以做全面的可行性研究，准备以此为项目进行创业。

（2）修改构思，使之完善。

（3）放弃这项构思，另做选择。

3. 将创业构思完善成创业计划

创业者的创业构思如果经过分析后有创办的价值，那么创业者就可以此为基础制订创业计划。创业计划是对与创业项目有关的所有事项进行总体安排的文件，包括商业前景展望，对人员、资金、物质等各种资源的整合，以及经营的思想、战略等，是为创业项目制订的一份完整、具体、深入的行动指南。

6.3.3 市场评估

1. 把握顾客需求

为了争取客户，创业者要先了解客户的需要和收集客户的信息。这主要包括顾客分布、顾客特征、潜在市场的决定、购买动机、影响动机的因素、顾客的态度、顾客对偏好的认识等。

2. 了解竞争对手

当创业者选择某行业进行创业时，应当对行业中的竞争对手进行分析和评估。同时，创业者也不要把竞争对手视为敌人，而应该把他看作能教会自己如何竞争的老师，甚至是合作者。对竞争者的了解内容主要包括竞争对手的数量、竞争范围、规模实力、竞争手段、竞争程度等。迈克尔·波特教授于 20 世纪 80 年代初提出，行业内的竞争激烈程度，由五种基本竞争力量综合决定，它们分别是供应商的讨价还价能力、购买者的讨价还价能力、潜在竞争者进入的能力、替代品的替代能力、行业内现有竞争者的竞争能力。

创业者想创业，想进入一个行业，不仅要关注现有的竞争对手，还要关注其他竞争力量的较量。创业者在做市场分析时要特别关注这五种竞争力量，进而分析、预估自己的企业能从该行业中获得利润的最终潜力和市场可行性。

3. 销售预测

预计企业在未来一段时间内的销售量，称为“销售预测”。创业者如果能比较准确地估计创业企业今后一定时期的销售量和销售成本，就能判断企业能否盈利。通常估计的销售量包括未来销售额、首次购买销售量、重置销售量等。销售预测，不仅是启动资金预测的依据，也是价格、现金流量计算的依据，还是制订创业计划的基础。

为了预测销售量，创业企业需要做大量的市场调查工作，而且应尽量使所有数据都真实可靠。例如，创业者既可以对确定访问的潜在顾客群进行抽样调查，也可以实地测试顾客对产品的反应。此外，创业者也可以观察和比较同行业商家的销售历史，记录客流量及观察顾客的年龄、特征并估计他们的消费水平。

6.3.4 人员管理

1. 团队领导者

团队领导者是企业的灵魂与核心。领导人必须具备强大的经营管理能力和专业技术能力。领导人的职责更多的是耐心地发现、指导、授权他人来完成更多的工作，而不是亲自去干具体工作；开发创意，制定目标和行动计划；组织和调动员工实施行动计划，确保企业达到预期的目标。当然，在制订企业计划时，创业者要确认自己的经营能力，明确自己要做的工作，以及哪些工作自己既无时间又无能力去做。除此之外，创业者还要考虑是否要聘任一个经理，以及聘任经理的要求是什么。

2. 核心团队成员

核心团队成员负责执行创业项目的各项关键活动，协助团队领导者开展工作，是团队的“神经枢纽”。从创业项目开始到创业项目结束，他们都在其中担任重要的角色，负责创业项目的关键活动。核心团队成员的选择一般由团队领导者负责，在选择时必须把团队的任务和活动进行适当的划分和归类，根据“事”来定“人”。核心团队成员需要同时具备品德与能力，应该具有价值观上的相似性和能力结构上的互补性。

3. 合同团队成员

创业团队通常将非核心业务和技术外包，承担非核心业务或技术的创业团队成员就是合同团队成员。有些合同团队成员待在创业项目中的时间可能很短，而有些则与核心团队成员没什么区别，只不过他们不是团队的雇员。通常，合同团队成员只能在短期内为创业项目工作，他们掌握的技术只是创业项目在特定的时间内需要的。合同团队成员适时地参与创业项目，一旦分派的任务完成就要离开创业项目。

6.3.5　组织结构

组织结构是创业企业为实现企业目标，在管理工作中进行分工协作，在职务范围、责任、权利方面所形成的结构体系。组织结构的核心内容是创业企业团队成员的权、责、利关系的划分，以制度的形式将组织内成员的分工协作关系明确下来。

一个健全的组织结构设计应具有三大要素：一是清晰的职位层次顺序；二是流畅的意见沟通渠道；三是有效的协调与合作体系。组织结构的设计包括以下内容。

（1）分析制约组织结构设计的因素。

（2）职能分解与设计。

（3）组织结构的框架设计。这是组织结构设计的最主要部分，可分为纵向的、垂直的设计（也就是管理层次的设计）和横向的、水平的设计（也就是管理幅度的设计）。

（4）组织运行保障设计。这主要是指企业运行规章制度的设计。

不管是传统管理，还是现代管理，都有多种组织结构形式。传统组织结构形式主要有直线制、职能制、直线职能制；现代组织结构形式主要有事业部制、矩阵制、多维立体制等。创业企业要根据实际情况，在分析各种组织形态利弊的基础上合理选择。

6.3.6 法律责任

1. 法律和责任

依法办事是公民和企业的责任。与创业企业直接相关的基本法律有《中华人民共和国公司法》《中华人民共和国民法通则》《中华人民共和国合同法》《中华人民共和国劳动法》。

2. 工商行政登记

工商行政登记就是从法律上确认企业身份。办理工商营业执照除直接到企业登记场所提出申请外，还可以通过邮寄、传真、电子数据交换和电子邮件等非固定形式提出申请。办理工商行政登记主要有以下三个步骤。

（1）企业登记材料的准备。

创业者要创办一家具有某一法律组织形式的企业，须按照这类法律组织形式的企业设立登记提交材料的规范要求，认真备齐材料，然后到所在地的工商行政管理机关企业登记注册处正式提交申请。

（2）登记机关的审查、受理和决定。

审查是注册审批工作的关键环节，主要由工商行政管理机关来完成。在审查过程中，申请材料不齐全或者不符合要求的，企业登记注册处会当场或者在5日内一次告知申请人需要补交的全部内容。如果企业登记注册处做出不予登记决定，会出具登记驳回通知书，注明不予登记的理由。

（3）交费并领取工商营业执照。

按照通知书或决定书确定的日期到工商行政管理机关交费并领取工商营业执照。工商营业执照是企业合法经营权的凭证。

3. 依法纳税

依法纳税是企业的基本义务，创业企业须在领取工商营业执照之日起30日内申办税务登记，取得税务登记证。申办税务登记须准备好：

（1）申请人签署的企业税务登记表；

（2）工商营业执照或其他核准执业证件；

（3）有关合同、章程、协议书；

（4）组织机构统一代码证书；

（5）法定代表人的居民身份证、护照或者其他合法证件；

（6）财务负责人的会计证、居民身份证；

（7）生产经营场所的所有权证明或租赁合同；

（8）主管税务机关要求提供的其他材料。

4. 依法尊重员工的权益

尊重员工的权益是企业对员工的法定责任。创业企业必须依法签订劳动合同，对员工承担相应的社会责任，充分尊重员工的权益。这主要体现为：

（1）保障员工实现其就业和择业权；

（2）劳动报酬获取权；

（3）休息休假权；

（4）劳动安全卫生保障权；

（5）职业技能培训享受权；

（6）社会保险和社会福利待遇取得权；

（7）按照高于法律法规规定的标准对员工担负的道德义务。

5. 商业保险

购买商业保险是一种转嫁企业风险的方法。企业的保险险种通常包括以下几个。

（1）资产保险：机器、库存货物、车辆、厂房的防盗险，以及水险、火险、商品运输险等。

（2）人身保险：创业团队人员的人身事故险、人寿险、财产险等。

6.3.7　预测资金

创办企业需要启动资金，启动资金包括固定资金和流动资金。创业者应该根据企业的规模，也就是之前预测的销售量，计算出自己需要的启动资金数额。

启动资金需求的计算分为两步。

第一步：把需要购买的东西分成类，并把每一类具体列表。

第二步：测算每一类中每个具体物品的价格、每项具体花费。

创业企业自建用地和建筑虽能满足特殊要求，但需要大量资金和时间；而购买现有建筑既简便又快捷，但需要装修改造。这两种方式都需要较大的资金投入，且工期较长。如果创业企业选择租用办公场地，则资金投入相对较少，地点选择也比较灵活，但工作场地稳定性较差，并且还需要进一步的入场装修。如果创业企业选择在家开业，那么投资会非常少，但业务和生活互相干扰。

设备也是创业企业在创业初期需要慎重考虑的投资对象。特别是对于制造商和一些服务行业，设备的投资额度都是非常大的。因此，创业者要了解清楚企业需要什么设备，此时选择正确的设备类型就显得非常重要。

流动资金预测就是预测流动资金的需要量。创业者在进行流动资金预测时要遵循以下原则。

（1）有“流动资金周转不灵，会导致破产”的意识。

（2）必须核准企业的流动资金持续投入期，即在企业没取得销售收入以前须投入多长时间的流动资金。

（3）必须将流动资金需求量降至最低。依据必须、必要、合理、最低的原则，该支出的必须支出，不该支出的就不要支出。

（4）必须保持一定量的流动资金储备，以备不时之需。

创业启动资金通常只能估算，准确的数字比较难以确定，在经营的过程中，还可能会有一些不确定情况出现。创业企业事前要做好调查，制定相对清晰的资金预算表，将有利于项目的正常开展。

6.3.8 利润计划

1. 确定商品价格

对于创业企业而言，合理制定商品价格，不仅促进商品交易的成功，而且事关企业利润。商品价格目标的确定必须服从企业营销总目标，同时要与其他营销目标相协调。企业的定价目标大致有以下几种。

（1）追求盈利最大化。盈利最大化取决于合理价格所推动的销售规模。因而追求盈利最大化的定价目标并不意味着企业要制定最高单价。更多情况下，企业要把追求盈利最大化作为一个长期的定价目标，同时选择一个适应特定环境的短期目标来制定价格。

（2）短期利润最大化。

（3）实现预期的投资回报率。

（4）提高市场占有率。提高企业市场占有率比短期高盈利意义更为深远。

（5）实现销售增长率。

（6）适应价格竞争。

（7）保持营业。这通常是企业处于不利环境中实行的一种“缓兵之计”。这种定价目标只能作为特定时期内的过渡性目标。

（8）稳定价格，维护企业形象。

在确定商品的价格时除了考虑上述定价目标外，创业企业还要综合竞争环境、产品成本、市场供求关系对商品价格的影响。

2. 预测销售收入

在销售预测的基础上，根据销售价格算出企业的销售收入。不同企业的销售预测都可根据以下步骤进行。

（1）列清单：列出企业推出的所有产品或产品系列或所有服务项目，对其进行归类。

（2）预测销售量：列出之前预测的第一年里每个月期望销售的每项产品的数量。

（3）定价：列出企业计划销售的每项产品的价格。

（4）计算月销售额：用销售价格乘以月销售量来计算每项产品的月销售额。

特别对于创业企业而言，在预测销售量时要记住：若开业前几个月销售量不高，而后也不能对销售量做过于乐观的估计。

3. 制订销售和成本计划

制订销售和成本计划，可以让创业者掌握企业的实际运转情况、清楚企业是否有利润可获取。如果一旦亏损，可以及时调整并重做计划。因此，制订销售和成本计划非常重要。

创业企业在制订销售和成本计划时，一定要注意以下四点。

（1）直接费用直接计入。

（2）间接费用分摊计入。

（3）固定资产计提折旧时要考虑不同物品适用不同折旧率。

（4）缴纳给国家和地方的税费都不计入创业企业的经营成本，要在后续的税费项目里计算。

6.3.9 创业计划

1. 创业计划的含义和重要性

创业者要对所有信息进行综合分析，再次判断企业创办成功的把握有多大，最后决定是否应该创办企业。创业计划书既是描述创业者的创业构思、寻求投资者的资金支持、规范创业行文的文本，也是创业者用来吸引投资者并从投资者那里获得资金的一个基本文件。因此，创业计划书是创业者叩响投资者大门的“敲门砖”，是创业者计划创业的书面摘要。一份优秀的创业计划书往往会对创业项目的实施起到事半功倍的效果。

2. 创业计划书的框架结构

创业计划书制定的目的是指明计划的投资价值所在。创业计划书可用以解释是什么（What）、为什么（Why）、怎么样（How）。一份完备的创业计划书通常包含10个部分，其核心内容主要包括产品或服务的独特性、详尽的市场分析和竞争分析、现实的财务预测、明确的投资回收方式、精干的管理队伍等。不同企业的创业计划形式和内容不尽相同，这取决于产业性质和创业者的偏好特征。

（1）企业概况。企业概况是指创办企业经营方向的简要概括，主要包括主要经营或服务的范围描述；有关计划保密性的陈述；所属行业。

（2）创业者团队。这主要包括以往的相关经验；创业团队成员参与的发明创造或专利技术；经授权的发明创造或专利技术；创业团队成员的教育背景、所学习的相关课程；企业合伙人与合伙协议等。

创业团队可在创业计划书后面附上具有法律效力的发明创造或专利技术所有人的书面授权许可。

（3）市场评估。这主要包括目标客户描述；市场的容量/本企业预计市场占有率；市场容量的变化趋势；竞争对手的主要优势；竞争对手的主要劣势；相对竞争对手的主要优势；相对竞争对手的主要劣势。

（4）市场营销计划。这主要包括产品，即产品的内容特征和服务特性；价格；地点，包括商品销售选址及理由、渠道分销方式及理由；促销，主要涉及人员推销、广告、公共关系、营业推广及产生的促销费用。

（5）企业组织结构。这主要包括企业性质；拟创办企业名称；员工职责和部门；企业的营业执照、许可证等；企业的社会责任。

（6）固定资产。

（7）营运资金（流动资金）。

（8）销售收入预测。

（9）销售和成本计划。创业者一般需要重点描述对创业企业前两年月报、后三年年报的预测情况。

（10）现金流量计划。

6.3.10 开办企业

企业开办之后，创业者将承担企业的经营管理工作。创业企业主要的日常活动包括以下几个方面。

1. 管理员工

（1）树立团队意识，实现团队的有效沟通，正视团队冲突，建立冲突解决机制。

（2）重视员工培训和激励。企业的成功是由所有员工的整体业绩带来的。如果员工的技能不足、积极性不高、配合不当，即便创业构思良好，最终也无法成功。

（3）重视员工的安全和劳动保障。安全措施不只意味着避免工伤事故，还包括改善不良工作条件，如降低噪声、提高照明度、消除有害液体和气体等。

2. 购买存货、原材料

创业企业慎重地采购原材料和选择服务，可以降低成本并提高利润。

3. 生产管理

生产监控是制造行业和服务行业的一项日常工作，通常要解决生产什么、在何处生产、在何时生产、如何生产、生产数量及质量等问题。生产管理还应该注意生产过程的连续性、比例性、均衡性、适应性。

4. 为客户提供服务

以客户为导向的企业服务要充分、深入地挖掘顾客的需求，并积极维护好与客户之间的关系，同时要重视顾客的负面反馈，积极采取补救措施以挽回顾客，树立良好的企业形象。

5. 促销管理

促销管理，即企业通过人员促销和非人员促销的方式，加强与消费者之间的沟通，引发、刺激消费者的消费欲望和兴趣，使其产生购买行为的活动。常见的促销方法有广告、营销推广和人员推销等。

6. 控制成本

把成本维持在最低，对创业企业来说是至关重要的。企业资金支出方面的信息来自企业的财务会计系统。

7. 制定价格

随着企业经营的顺利开展，创业企业可以结合市场价格和需求情况调整销售价格。

8. 做好销售记录

做好销售记录的根本目的是促使创业企业及时掌握业务变化规律，合理控制经营成本。

9. 组织办公室工作

办公室工作包括企业经营过程中各部门的专项工作。创业者必须制定明确的岗位职责、考核标准，其目标是保证企业的正常运营和持续发展。

10. 关注环境和对手

创业者面对的是复杂多变的环境，应采取积极、主动的态度，能动地去适应环境。企业的经营活动要以环境为依据，企业不仅要主动地适应环境，而且要通过营销努力去影响环境，使环境有利于企业的生存和发展，有利于提高企业营销活动的有效性。作为创业者，学习和创新是生存与发展的原动力。

参 考 文 献

[1] 顾涵，钱斌. 电类专业学生实习与就业创业指导教程［M］. 西安：西安电子科技大学出版社，2018.

[2] 侯文华. 大学生创新创业教育教程［M］. 北京：科学出版社，2012.

[3] 魏晓慧. 电子信息类专业学生实习指导书［M］. 北京：科学出版社，2016.

[4] 李家华，王艳茹. 创业基础［M］. 上海：上海交通大学出版社，2017.

[5] 张根华，冀宏. 应用型本科视阈下创新创业教育的理论与实践［M］. 南京：南京大学出版社，2016.

[6] 李伟，张世辉. 创新创业教程［M］. 北京：清华大学出版社，2015.

[7] 张志，乔辉. 大学生创新创业入门教程［M］. 北京：人民邮电出版社，2016.

[8] 范耘，罗建华，刘勇. 创新创业实用教程［M］. 北京：机械工业出版社，2017.

[9] 范瑜，徐健，钱斌，等. 电子信息类专业创新实践教程［M］. 北京：科学出版社，2016.

[10] 陈永奎. 大学生创新创业基础教程［M］. 北京：经济管理出版社，2015.

附　录

附录1 常熟理工学院实习单位联系表

<table>
<tr><td>实习单位（全称）</td><td colspan="7"></td></tr>
<tr><td>企业社会信用代码</td><td colspan="7"></td></tr>
<tr><td>详细地址</td><td colspan="7"></td></tr>
<tr><td>企业联系人</td><td colspan="3"></td><td>职务</td><td></td><td>联系电话</td><td></td></tr>
<tr><td>实习学生所在学院</td><td colspan="5"></td><td>实习项目</td><td></td></tr>
<tr><td>专业年级</td><td colspan="3"></td><td>人数</td><td></td><td>起止时间</td><td></td></tr>
<tr><td rowspan="4">单位指导
教师情况</td><td>姓名</td><td>性别</td><td>年龄</td><td>学历</td><td>职务职称</td><td>从事专业时间</td><td>备注</td></tr>
<tr><td></td><td></td><td></td><td></td><td></td><td></td><td></td></tr>
<tr><td></td><td></td><td></td><td></td><td></td><td></td><td></td></tr>
<tr><td></td><td></td><td></td><td></td><td></td><td></td><td></td></tr>
<tr><td rowspan="7">实习学生名单
（可附页）</td><td colspan="2">姓名</td><td colspan="2">专业</td><td colspan="2">姓名</td><td>专业</td></tr>
<tr><td colspan="2"></td><td colspan="2"></td><td colspan="2"></td><td></td></tr>
<tr><td colspan="2"></td><td colspan="2"></td><td colspan="2"></td><td></td></tr>
<tr><td colspan="2"></td><td colspan="2"></td><td colspan="2"></td><td></td></tr>
<tr><td colspan="2"></td><td colspan="2"></td><td colspan="2"></td><td></td></tr>
<tr><td colspan="2"></td><td colspan="2"></td><td colspan="2"></td><td></td></tr>
<tr><td colspan="2"></td><td colspan="2"></td><td colspan="2"></td><td></td></tr>
<tr><td colspan="8">备注说明：

学院公章　　　　　　　　实习单位公章
年　月　日　　　　　　　　年　月　日</td></tr>
</table>

注：本表一式三份，一份交实习单位、一份交学校教务处、一份由学生所在学院存档。

附录 2　常熟理工学院分散实习申请表

<table>
<tr><td>姓名</td><td colspan="2"></td><td>学号</td><td colspan="2"></td></tr>
<tr><td>专业</td><td colspan="2"></td><td>班级</td><td colspan="2"></td></tr>
<tr><td>联系电话（手机）</td><td colspan="2"></td><td>QQ 号</td><td colspan="2"></td></tr>
<tr><td>实习单位全称
（与企业公章一致）</td><td colspan="2"></td><td>企业社会
信用代码</td><td colspan="2"></td></tr>
<tr><td>实习单位地址</td><td colspan="5"></td></tr>
<tr><td>实习单位联系人</td><td></td><td>职务职称</td><td></td><td>办公电话</td><td></td></tr>
<tr><td>实习类别</td><td colspan="2">□认识实习
□专业实习
□毕业实习</td><td colspan="2">实习起止日期</td><td>年　月　日—
年　月　日</td></tr>
<tr><td colspan="6">申请分散实习的理由及承诺
理由：

承诺：本人在实习期间，严格要求自己，遵守国家法律法规、学校有关实习的各项规章制度及实习单位的管理规定，按照实习计划完成实习任务；注意生产安全和人身财产安全，并对自己在实习期间的行为和安全负责；实习结束后，按时返校参加实习考核。
学生签名：　　　　年　月　日</td></tr>
<tr><td rowspan="2">学生家长意见</td><td>姓名</td><td></td><td>联系电话</td><td colspan="2"></td></tr>
<tr><td colspan="5">本人同意子女申请分散实习，不再要求学校统一安排实习，愿承担子女教育、管理、安全监护等责任，并服从学校实习管理。
家长签名：　　　　年　月　日</td></tr>
<tr><td>用人单位意见</td><td colspan="5">经研究决定，同意接收贵校　　学院　　专业　　同学（学号：　　　　）来我单位实习。实习岗位：　　，时间从　年　月　日至　年　月　日，委派　　同志（职称/职务：　　，联系电话：　　　　）进行实习业务指导，实习期间，工作安全由我单位负责承担，学生人身财产安全由学生本人承担。
单位负责人签字：
单位公章
年　　月　　日</td></tr>
<tr><td>学院意见</td><td colspan="2">班主任签字：

年　月　日</td><td colspan="3">分管院长签字：　　（学院盖章）

年　月　日</td></tr>
</table>

注：本表一式三份，经审批并加盖公章后，一份交二级学院备案，一份交实习单位，另一份由学生本人留存。

附录3　常熟理工学院学生校外实习手册（非师范）

常熟理工学院
CHANGSHU INSTITUTE OF TECHNOLOGY

学生校外实习手册
（非师范）

实 习 类 型 ____________________

学 院（ 系 ）____________________

专 业 名 称 ____________________

班　　　级 ____________________

姓　　　名 ____________________

学　　　号 ____________________

实 习 单 位 ____________________

校内指导教师 ____________________

实习起止时间 ____________________

·教务处·

实习的注意事项与要求

一、注意事项

(1) 实习前必须按时参加实习动员大会，明确实习的目的，了解实习内容、时间安排和纪律要求，接受必要的安全教育。

(2) 严格遵守实习单位的规章制度和实习纪律，认真听取实习单位人员所做的安全教育，学习安全条例规程，穿好工作服、佩戴安全帽等防护用品，做到安全第一。因违反纪律和安全规则造成的自身伤害由学生本人负责；造成他人伤害或国家和企业财产损失的，由学生本人及监护人承担经济和法律责任。

(3) 不准携带任何与实习无关的物品进入实习单位车间，不准在实习单位车间内抽烟、吃零食、随地吐痰，以及高声喧哗，严禁在实习单位车间内打闹。

(4) 实习期间尊敬实习单位各级领导、工程技术人员和一线工人。必须服从实习指导教师的管理，严格按照指定工种、指定岗位，使用指定设备、工具和材料进行实习，不得在工区之间或工位之间来回串岗，严禁盲目擅动，严禁违规操作。

(5) 严格按照安全操作规程进行操作，对设备上不了解的功能或不会使用的开关、手柄、旋钮、按钮等，必须请教实习指导教师，并经允许后，再操作。

(6) 要爱护实习设备及工作服装，妥善保管使用工具、量具，珍惜实习材料，爱护公共财物，节约水电，注意保持公共卫生。

(7) 严格遵守实习单位的各项具体规定。

二、要求

(1) 严格遵守实习单位的规章制度和实习纪律，有事、生病应履行请假手续。

(2) 虚心向实习单位各级领导、工程技术人员和一线工人学习，主动协助实习单位做一些力所能及的工作（如帮助实习单位开展技术革新、参加公益劳动等）。

（3）实习过程中多动脑、勤思考，将理论与实践相结合，提高自己分析和解决实际问题的能力。

（4）严格遵守实习单位的保密制度，不得泄露技术或商业情报，维护实习单位的利益。

（5）遵守社会公德，注重社会影响，严禁赌博、打架等行为，互帮互助，自尊自爱，自觉维护学校和实习单位的声誉。

（6）注意人身和财产安全，防止自身携带的贵重物品、重要证件等丢失，防火、防溺水，注意交通安全，防止各种意外事故发生。

（7）实习过程中发现问题、出现意外，应及时向学校教师反映，由学校与实习单位负责人协商，学生不得直接与实习单位发生冲突，不得起哄、闹事。若因无理取闹而给学校声誉造成不良影响的，学校将严肃处理。

（8）学生要确保手机、微信、QQ 等的畅通，实习期间如更换手机号码要及时告知指导教师，定期与指导教师、家长联系，汇报实习情况。

（9）实习过程中要随身携带实习笔记做好记录，按要求严肃认真地完成实习任务、填写实习日记。实习结束后，每个同学都要整理出一份实习报告。

实习日记

时　间	日记（包括实习地点、实习内容、实习要求、掌握的情况、发现的问题、实习心得等）
周次________ 星期________ 日期________	
周次________ 星期________ 日期________	
周次________ 星期________ 日期________	
周次________ 星期________ 日期________	
周次________ 星期________ 日期________	
周次________ 星期________ 日期________	

续表

时　间	日记（包括实习地点、实习内容、实习要求、掌握的情况、发现的问题、实习心得等）
周次________ 星期________ 日期________	
周次________ 星期________ 日期________	
周次________ 星期________ 日期________	
周次________ 星期________ 日期________	
周次________ 星期________ 日期________	
周次________ 星期________ 日期________	

续表

时　间	日记（包括实习地点、实习内容、实习要求、掌握的情况、发现的问题、实习心得等）
周次________ 星期________ 日期________	
周次________ 星期________ 日期________	
周次________ 星期________ 日期________	
周次________ 星期________ 日期________	
周次________ 星期________ 日期________	
周次________ 星期________ 日期________	

续表

时　间	日记（包括实习地点、实习内容、实习要求、掌握的情况、发现的问题、实习心得等）
周次________ 星期________ 日期________	
周次________ 星期________ 日期________	
周次________ 星期________ 日期________	
周次________ 星期________ 日期________	
周次________ 星期________ 日期________	
周次________ 星期________ 日期________	

实习总结

(写出具体的实习内容；总结实习的主要收获和心得体会；记录实习中遇到的问题及自己提出的解决方案和对实习的建议等)

续表

续表

签名： 年　　月　　日

常熟理工学院实习成绩考核表

<table>
<tr><td>姓名</td><td></td><td>性别</td><td></td><td>专业班级</td><td></td></tr>
<tr><td>学院</td><td colspan="2"></td><td>校内指导教师</td><td colspan="2"></td></tr>
<tr><td>实习单位</td><td colspan="5"></td></tr>
<tr><td>实习类型</td><td colspan="5">□认识实习　　□专业实习　　□毕业实习</td></tr>
<tr><td>实习时间</td><td colspan="5">自　　年　月　日至　　年　月　日</td></tr>
<tr><td colspan="6">实习内容</td></tr>
<tr><td colspan="6">实习单位指导教师评语

成绩等第__________
（优秀、良好、中等、及格、不及格）
指导教师签名__________
______年____月____日</td></tr>
<tr><td colspan="6">实习单位意见

单位公章
______年____月____日</td></tr>
<tr><td colspan="6">学校指导教师评语

指导教师签名__________
______年____月____日</td></tr>
<tr><td colspan="6">学院意见

综合等第__________
（优秀、良好、中等、及格、不及格）
学院公章
______年____月____日</td></tr>
</table>

附录 4　常熟理工学院实习安全协议书

甲方（盖章）：　　　　　　　　　　乙方（手印）：
常熟理工学院　　　　学院　　　　学生签字：　　　　联系电话：
　　　　　　　　　　　　　　　　乙方家长：　　　　联系电话：
　　　　　　年　月　日　　　　　　　　　　　　　年　月　日

为了确保我院实习工作的顺利进行，增强学生的安全意识，圆满完成实习任务，双方协议如下：

一、甲方的权利与义务

（1）甲方在参加实习前，须对乙方进行安全教育。

（2）甲方在实习期间不定期派学校指导教师了解学生的实习情况，与实习单位进行协调沟通，进一步对学生进行安全教育及实习指导。

（3）甲方在实习前须为乙方购买一份人身意外伤害保险。

二、乙方的权利与义务

（1）乙方应认真履行实习期间的各项安全要求，严格遵守学校和实习单位的各种规章制度、安全操作规程，一切工作都要在实习单位指导教师的指导之下完成，严禁盲目擅动，严禁违规操作，确保安全。

（2）乙方严禁在工作时间内外出游玩，严格遵守劳动纪律，确保自身安全，以防意外事故发生；严禁一切危险、违法活动；严禁进网吧、歌厅等与学生身份不符的场所，谨慎交友，注意自身防范。

三、其他约定

（1）乙方自主选择实习单位的，如出现意外安全事故，应由乙方自己负责处理。

（2）如果乙方因违反本协议及学校和实习单位的其他一切安全制度、安全条例、操作规程而造成人身伤亡事故，由乙方自己承担全部责任。

（3）乙方实习期间，确需中途离开单位或终止工作的，必须提交书面申请，在征得实习单位同意并办理有关手续后方可离开。否则，由此引发的一切安全事故，由乙方承担全部责任。

（4）以上未尽事宜，视情况双方协商处理。

四、本协议一式两份，甲、乙双方各执一份，双方签字后生效。

附录5　实习单位接收函

常熟理工学院：

经研究决定，同意接收贵校　　学院　　专业　　同学（学号：　　）来我单位实习。实习岗位：　　，时间从　　年　月　日至　　年　月　日，委派　　同志（职称/职务：　　，联系电话：　　　　）进行实习业务指导，实习期间，工作安全责任由我单位负责承担，学生人身财产安全责任由学生本人承担。

特此证明。

实习单位（公章）

实习生签名：

年　　月　　日

附：实习单位联系方式

单位地址			
单位联系人		联系电话	
单位简介			

附录6 常熟理工学院学生校外实习信息表

<table>
<tr><td>实习类型</td><td colspan="5">□认识实习　　□专业实习　　□毕业实习</td></tr>
<tr><td>实习时间</td><td colspan="5">自　　年　　月　　日至　　年　　月　　日</td></tr>
<tr><td colspan="6">主要实习内容（概括）</td></tr>
<tr><td colspan="6"></td></tr>
<tr><td colspan="6">以下部分请实习单位填写</td></tr>
<tr><td>实习单位
（全称）</td><td colspan="3"></td><td>联系电话</td><td></td></tr>
<tr><td>企业社会
信用代码</td><td colspan="3"></td><td>区域编码</td><td></td></tr>
<tr><td>详细地址</td><td colspan="3"></td><td>邮编</td><td></td></tr>
<tr><td>单位联系人</td><td colspan="2"></td><td>联系方式</td><td colspan="2"></td></tr>
<tr><td rowspan="4">指导人员
情况</td><td>姓名</td><td>性别</td><td>年龄</td><td>职务</td><td>备注</td></tr>
<tr><td></td><td></td><td></td><td></td><td></td></tr>
<tr><td></td><td></td><td></td><td></td><td></td></tr>
<tr><td></td><td></td><td></td><td></td><td></td></tr>
<tr><td colspan="6">实习单位简介：</td></tr>
<tr><td colspan="6">实习单位意见：

实习单位公章
年　月　日</td></tr>
</table>

附录 7　常熟理工学院校外实习考勤表

学生姓名：　　　　　　学号：　　　　　　学院、班级：
实习单位：　　　　　　联系电话：

周次	日期	星期一		星期二		星期三		星期四		星期五		星期六		星期日		备注
		出勤情况	缺勤原因	出勤情况	缺勤原因	出勤情况	缺勤原因	出勤情况	缺勤原因	出勤情况	缺勤原因	出勤情况	缺勤原因	出勤情况	缺勤原因	
1	月　日至 月　日															
2	月　日至 月　日															
3	月　日至 月　日															
4	月　日至 月　日															
5	月　日至 月　日															
6	月　日至 月　日															
7	月　日至 月　日															
8	月　日至 月　日															
9	月　日至 月　日															
10	月　日至 月　日															
11	月　日至 月　日															
12	月　日至 月　日															
13	月　日至 月　日															

续表

周次	日期	星期一		星期二		星期三		星期四		星期五		星期六		星期日		备注
		出勤情况	缺勤原因	出勤情况	缺勤原因	出勤情况	缺勤原因	出勤情况	缺勤原因	出勤情况	缺勤原因	出勤情况	缺勤原因	出勤情况	缺勤原因	
14	月　　日至 月　　日															
15	月　　日至 月　　日															
实习单位意见： 实习单位公章 年　　月　　日																

注：1. 此表由实习基地负责人填写，实习结束后，与学生的“实习成绩考核表”一同交实习单位指导教师，作为学生实习成绩评定的参考依据。

2. 出勤情况：出勤者画“√”，缺勤者画“×”，半天出勤半天缺勤者可画“√/×”或“×/√”。

3. 缺勤原因：填写“病”或“事”或“旷”（未请假）。

附录 8　常熟理工学院学校指导教师指导学生教育实习总结表

<table>
<tr><td colspan="2">指导教师：</td><td colspan="2">实习时间：</td></tr>
<tr><td>学院：</td><td>专业：</td><td>班级：</td><td>实习学生人数：</td></tr>
<tr><td colspan="4">实习学生姓名：</td></tr>
<tr><td colspan="4">（总结内容包括指导学生的总体情况、指导过程；学生实习态度、学生实习的主要收获和主要感受及学生对实习工作的看法；实习单位对学生、学院实习工作的评价；实习中遇到的困难、存在的问题及原因分析；对下一级学生实习工作的建议；等等）

指导教师（签名）：
年　　月　　日</td></tr>
</table>